Wer auf den Spuren von Marcel Proust durch Paris schlendert, begibt sich auf eine ungewöhnliche Exkursion. Der Band skizziert die Wege, die von Prousts Wohnorten – dem Boulevard Malesherbes, der Rue de Courcelles oder dem Boulevard Haussmann – zu den Champs-Élysées führen, wo der kleine Marcel seine Nachmittage verbrachte und wo das grüne Toilettenhäuschen noch heute steht, das in Prousts großem Roman eine so wichtige Rolle spielt; er führt in den Westen von Paris, nach Auteuil, wo Proust 1871 geboren wurde. Rainer Moritz begleitet die Leser zu Prousts Grab auf dem Père-Lachaise oder auf die Place Vendôme, ins legendäre Hotel Ritz, das für Proust eisgekühltes Bier bereit hielt und zum mondänen Refugium seiner letzten Jahre wurde – um nur einige der Stationen dieser literarischen Entdeckungsreise zu nennen.

Proust ins heutige Paris zu folgen – das ist ein Wechselspiel, das mal den Geist des Fin de siècle heraufbeschwört und mal die einschneidenden Veränderungen im Gesicht der Stadt zeigt. »Ich hatte immer einen Plan von Paris bei der Hand«, betont Prousts Erzähler (in *Unterwegs zu Swann*), weil er sich so dem Wohnort der Swanns näher fühlt. Wer *Mit Proust durch Paris* bei sich führt, kann die Boulevards und Plätze erobern, die Prousts Biographie prägten und die sich vielgestaltig in seinem Werk, vor allem in *Auf der Suche nach der verlorenen Zeit*, spiegeln.

Rainer Moritz, 1958 in Heilbronn geboren, ist promovierter Literaturwissenschaftler, Leiter des Hoffmann und Campe Verlags, Hamburg, und Vizepräsident der Marcel Proust Gesellschaft, Köln.

insel taschenbuch 2992
Rainer Moritz
Mit Proust durch Paris

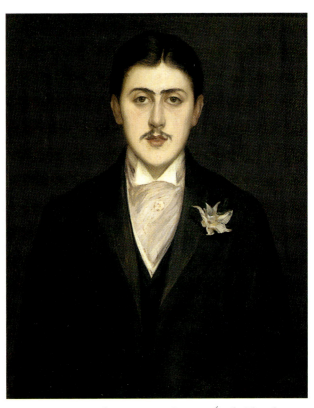

Porträt Marcel Prousts von Jacques-Émile Blanche

Mit Proust durch Paris

Literarische Spaziergänge
Von Rainer Moritz

Mit farbigen Fotografien
von Angelika Dacqmine

Insel Verlag

Zur leichteren Orientierung befinden sich Karten
mit den wichtigsten Proust-Orten
auf den Seiten 14/15 und 152/153 dieses Bandes.

insel taschenbuch 2992
Erste Auflage 2004
Originalausgabe
© Insel Verlag Frankfurt am Main und Leipzig
Alle Rechte vorbehalten, insbesondere das der Übersetzung,
des öffentlichen Vortrags sowie der Übertragung
durch Rundfunk und Fernsehen, auch einzelner Teile.
Kein Teil des Werkes darf in irgendeiner Form
(durch Fotografie, Mikrofilm oder andere Verfahren)
ohne schriftliche Genehmigung des Verlages reproduziert
oder unter Verwendung elektronischer Systeme verarbeitet,
vervielfältigt oder verbreitet werden.
Hinweise zu dieser Ausgabe am Schluß des Bandes
Vertrieb durch den Suhrkamp Taschenbuch Verlag
Umschlag: Michael Hagemann
Satz: Hümmer GmbH, Waldbüttelbrunn
Druck: Memminger MedienCentrum AG
Printed in Germany
ISBN 3-458-34692-9

1 2 3 4 5 6 – 09 08 07 06 05 04

Inhalt

1. Proust und Paris – eine Reiseanleitung. 11
2. Sonnen- und lichtdurchflutet: Auteuil 16
3. Vollgepackt mit schweren Möbeln: der Boulevard Malesherbes. 25
4. Ein anziehender Kreis: das Lycée Condorcet . . . 37
5. Barlauf mit Mädchen: die Champs-Élysées. 42
6. Ein Toilettenhäuschen 53
7. Sehr bekannt und mondän: die Place de la Madeleine 61
8. Krieg und Zitroneneis: das Ritz 73
9. In der Zaubergrotte: Rue de Courcelles. 85
10. Im korkgeschützten Winkel: der Boulevard Haussmann 102
11. Unter lichterfülltem Laub: die Tuilerien 114
12. Das vermaledeite Haus: die Rue Laurent-Pichat 121
13. Nicht nur ein Waldgelände: der Bois de Boulogne 129
14. Und noch einmal: gefährliche, geheimnisvolle Orte 135
15. Eine schwermütige Straße: die Rue La Pérouse. . 145
16. Grabesatmosphäre: die Rue Hamelin 151
17. Die Augen schließen – eine Nachbemerkung . . . 159

Literaturhinweise und Dank 163
Bildnachweise 166

Mit Proust durch Paris

Für Annalena, die Spaziergängerin von Paris –
auf daß ihr Marcel Proust unvergeßlich bleibe.

»Die Stätten, die wir gekannt haben, sind nicht nur der Welt des Raums zugehörig, in der wir sie uns denken, weil es bequemer für uns ist. Sie waren nur ein schmaler Ausschnitt aus den einzelnen Eindrücken, die unser Leben von damals bildeten; die Erinnerung an ein bestimmtes Bild ist nur wehmutsvolles Gedenken an einen bestimmten Augenblick; und die Häuser, Straßen, Avenuen sind flüchtig, ach!, wie die Jahre.«

Marcel Proust, Unterwegs zu Swann

1. Proust und Paris – eine Reiseanleitung

Über Sinn und Nutzen literarischer Reisen läßt sich trefflich streiten. Welchen Wert soll es haben, sich aus seinem Lesesessel zu entfernen und Ferienaufenthalte dadurch zu adeln, daß man, mit Zitaten und biographischen Versatzstücken im Handgepäck, den Spuren längst verblichener Schriftsteller nachgeht? Gewiß, ein Gewährsmann wie Johann Wolfgang von Goethe war es, der den *Noten und Abhandlungen zu besserem Verständnis des West-östlichen Divans* die Verse voranstellte: »Wer das Dichten will verstehen, / Muß ins Land der Dichtung gehen; / Wer den Dichter will verstehen / Muß in Dichters Lande gehen« und damit alle Bildungsurlauber ausreichend munitionierte. Goethe, selbst ein eifrig Reisender, wurde in den letzten zwei Jahrhunderten ein Opfer seiner Handlungsanweisung: Kein Ort, der von Goethe beehrt oder bedichtet wurde, läßt es sich heute nehmen, auf dieses historische, ja meist welthistorische Ereignis hinzuweisen.

Doch ist es wirklich notwendig und erhellend, Dichtern nachzureisen? Reichen uns nicht ihre Romane, Gedichte oder Stücke? Verstehen wir sie nicht auch, ohne das Ambiente ihrer Entstehung zu kennen, ja verstellt dieses nicht den Blick auf das Kunstwerk? Thomas Bernhard hat einer seiner schimpfenden Romanfiguren (in *Auslöschung. Ein Zerfall*) dazu Unmißverständliches in den Mund gelegt: »Hüten Sie sich, Gambetti, die Orte der Schriftsteller und Dichter und Philosophen aufzusuchen, Sie verstehen sie nachher überhaupt nicht, Sie haben sie in Ihrem Kopfe tatsächlich unmöglich gemacht dadurch, daß Sie ihre Orte aufgesucht haben, ihre Geburtsorte, ihre Existenzorte, ihre

Sterbeorte. Meiden Sie wie nichts sonst die Geburts- und Existenz- und Sterbensorte unserer Geistesgrößen.«

Eindeutig zu klären ist diese Frage nicht, und letztlich muß sie auch nicht geklärt werden. Marcel Proust, um den es hier geht, hat den Großteil seines Lebens in Paris verbracht, und obschon er gelegentlich mit dem Gedanken spielte, die Stadt zu verlassen und anderswo Wurzeln zu schlagen, war er der »Parisien« schlechthin.

Entgegen der Klischeevorstellung, daß Proust zeitlebens an sein Kranken- und Schreiblager gekettet war, reiste er viel und gern. Immer wieder brach er zu neuen Erkundungen auf – nach Bad Kreuznach, Amsterdam, ins Engadin, nach Rouen oder Amiens, um dem Kunsthistoriker John Ruskin »nachzureisen«, nach Venedig, zu einer Kreuzfahrt an der normannischen Küste ... – und ließ diese Eindrücke in sein Werk einfließen. Dennoch blieb Paris das Zentrum seines Lebens, und dieses Zentrum prägt seinen großen Romanzyklus *Auf der Suche nach der verlorenen Zeit* und etliche kleinere Arbeiten.

Dieses Buch wagt eine Gratwanderung: Es zeichnet zum einen nach, wo Proust und seine Familie lebten und wo es heute, ein Jahrhundert später, möglich ist, Überbleibsel dieses Lebens zu finden. Zum anderen verfolgt es ein Ziel, das jeder literarische Reiseführer haben sollte: zur ersten oder neuerlichen Lektüre der Originaltexte einzuladen und zum Nachdenken darüber anzuregen, was reale und erfundene Orte miteinander zu tun haben. Prousts Werke, vor allem die *Suche nach der verlorenen Zeit*, verführen dazu, biographische und literarische Angelegenheiten zu vermengen, und nicht wenige Leser und Wissenschaftler nahmen diesen Unterschied nicht sehr ernst und lasen Prousts Roman als plane Autobiographie, deren Figuren in erster Linie die Funktion hätten, auf ein genau zu fixierendes Vorbild, ein Modell, zu verweisen. Das soll hier nicht geschehen. Ich suche nach Prousts Paris – dem Paris, das sein Leben bestimmte, und dem, das er in seine Bücher einbaute. Beide Städte, die real erlebte und die literarisch transformierte, haben natürlich miteinander zu tun – und sind dennoch durch den tiefen Graben der Fiktion voneinander getrennt.

Wer heute durch Paris geht, um Prousts Wohn- oder Lebensorte aufzusuchen oder mit Romanfiguren wie Charles Swann oder Oriane de Guermantes ein imaginäres Dîner zu erleben, braucht Phantasie. Paris hat sich, wie andere Metropolen auch, im Laufe des 20. Jahrhunderts stark verändert. Häuser und Straßen, die Proust beschrieb und durchschritt, sind zerstört oder völlig umgestaltet, und gelegentlich scheint es unmöglich, sich in Prousts Epoche zurückzuversetzen, weil die Gegenwart jede Erinnerung daran ausgelöscht hat. Ein Spaziergang mit Marcel Proust durch Paris ist folglich auch eine Reise »gegen den Strich«, eine Unternehmung, die den Glauben nähren will, daß die Fassaden, die Oberflächen, nicht die ganze Wirklichkeit abbilden. Der Erinnerungsvirtuose Marcel Proust ist der beste Lehrmeister dafür, die »Essenz der Dinge« dort zu suchen, wo andere Augen sie nicht (mehr) sehen. On y va.

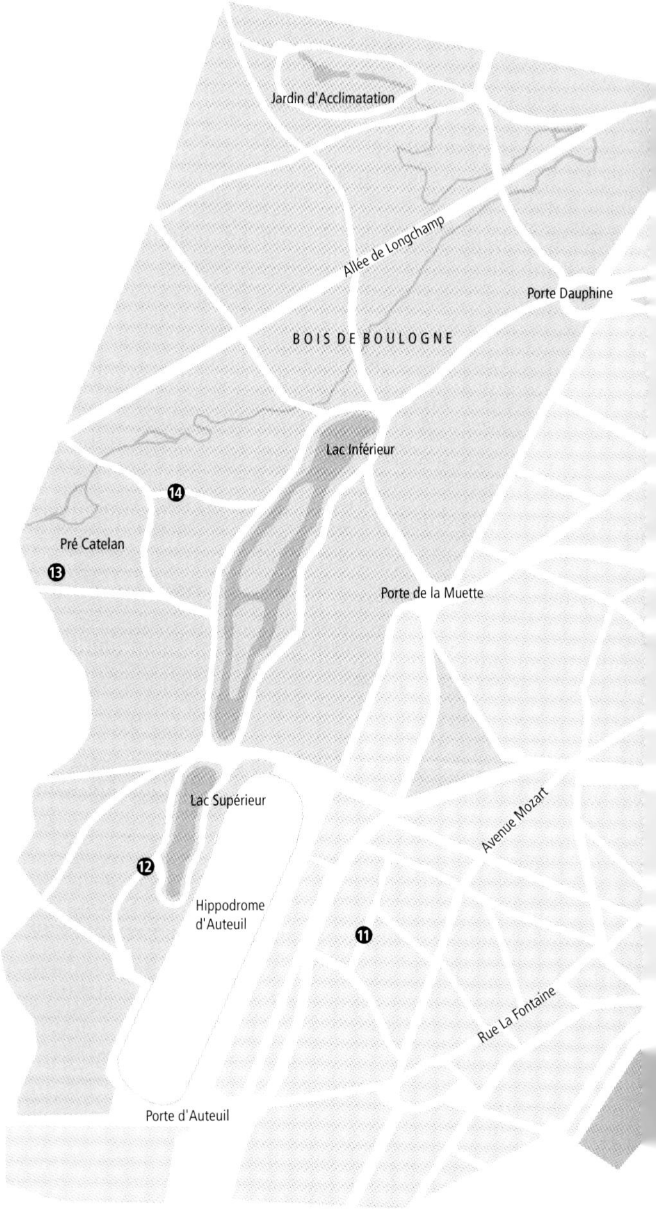

Jardin d'Acclimatation

Allée de Longchamp

Porte Dauphine

BOIS DE BOULOGNE

Lac Inférieur

14

Pré Catelan

13

Porte de la Muette

Lac Supérieur

Avenue Mozart

12

Hippodrome d'Auteuil

11

Rue La Fontaine

Porte d'Auteuil

2. Sonnen- und lichtdurchflutet: Auteuil

Auteuil, das 16. Arrondissement im Westen von Paris, ist ein ruhiger Flecken, der mit touristischen Attraktionen wie dem Eiffelturm oder der Butte Montmartre kaum etwas zu tun hat. Wer an einem Sonntag die Métro-Linie 10 nimmt und »Église d'Auteuil« aussteigt, trifft auf gepflegte Häuserreihen, die soignierte Schläfrigkeit ausstrahlen und ahnen lassen, daß dieser Bezirk kein Ort für Vergnügungshungrige ist.

Im 19. Jahrhundert war Auteuil, das erst 1860 von Paris eingemeindet wurde, ein ganz und gar ländliches Dorf, das betuchte Pariser Familien zu ihrem Zweitwohnsitz erkoren, zu einem Refugium, das von den umfangreichen Umgestaltungen der Pariser Innenstadt kaum beeinträchtigt wurde. In einem der Gräfin Potocka gewidmeten Aufsatz schildert Proust dieses Bedürfnis: »Sie bedurfte des wirklichen Exils. Und so ist es jetzt im tiefsten Auteuil, beinahe an der Porte de Boulogne, zwischen den Platanen der Rue Théophile-Gautier, den Kastanien der Rue La Fontaine und den Pappeln der Rue Pierre-Guérin (...) Und weil sie in Paris zu laut waren und die Nachbarn störten, ist sie nach Auteuil gezogen.«

Auch die Prousts hielten es so: Regelmäßig flohen sie vor der Hitze der Pariser Innenstadt, um in Auteuil eine Art vorstädtisches Landleben zu genießen. Im Frühjahr und im Sommer des Jahres zog man sich in ein Haus in der Rue La Fontaine 96 zurück, das Louis Weil, einem Onkel mütterlicherseits, gehörte. Dieser hatte das dreistöckige Anwesen, das über 110 m^2 Wohnfläche und einen Grund von

96, Rue La Fontaine: Hier wurde Marcel Proust geboren

1.500 m² verfügte, 1857 erworben. 1870, nach dem Tod seiner Frau Émilie, zog er sich weitgehend dorthin zurück und ging an dem abgeschiedenen Ort seinen zahlreichen amourösen Abenteuern nach, was Familie Proust nachsichtig zur Kenntnis nahm.

Louis Weils Haus wurde nach seinem Tod von einem Bauunternehmer gekauft und 1897 abgerissen; es bedarf folglich einiger Einbildungskraft des Besuchers, sich heute jenes herrschaftliche Haus vorzustellen, das über 29 Fenster und einen Park im englischen Stil verfügte. Eine schlichte Tafel, die im Mai 1971 eingeweiht wurde, hält fest, daß hier einhundert Jahre zuvor, am 10. Juli 1871, das erste Kind des Ehepaares Proust-Weil geboren wurde: Sohn Marcel, anfällig und schwächlich vom ersten Atemzug an, doch vom erfahrenen Vater sicher ins Leben hinübergeleitet.

Den Sommer 1871 prägten heftige politische Turbulenzen. Der Arbeiteraufstand der Pariser Commune war erst Ende Mai in der sogenannten »Blutwoche« niedergeschlagen worden; der Beschuß von Paris hatte verheerende Zerstörungen hinterlassen. Bis nach Auteuil waren die Auseinandersetzungen gedrungen: Das Proustsche Domizil in der Rue La Fontaine blieb zwar unversehrt, doch das nahegelegene Haus der Brüder Goncourt am Boulevard de Montmorency – jener Autoren, deren Tagebücher Marcel Proust viele Jahre später meisterhaft parodierte – wurde durch die Kämpfe stark in Mitleidenschaft gezogen. Jeanne Proust war der Gedanke, ihr erstes Kind im abgeschiedenen Auteuil zur Welt zu bringen, sehr angenehm; ruhiger als in Paris war es dort allemal.

Wie sah es aus, das Haus des Onkels Louis Weil, mit jenem Garten, dessen Teich und Orangerie den jungen Marcel in ihren Bann zogen und der zu einem seiner »Urgärten« wurde? Als Prousts Freund Jacques-Émile Blanche, dem wir das vielleicht berühmteste, 1892 entstandene Porträt des Schriftstellers verdanken, 1919 sein Buch *Propos de peintre* veröffentlichte, steuerte Proust ein Vorwort bei, das den gemeinsamen Kindheitsort Auteuil und das Geburtshaus heraufbeschwört:

»Jenes Haus in Auteuil, das wir mit meinem Onkel bewohnten, mitten in einem großen Garten, der durch den Einschnitt der Straße (heute Avenue Mozart) gezweiteilt wurde, entbehrte so sehr des Geschmacks wie nur möglich. Doch vermag ich das Vergnügen gar nicht zu schildern, das ich empfand, wenn ich die sonnen- und lindenluftdurchflutete Rue La Fontaine entlanggelaufen war und dann für einen Augenblick in mein Zimmer hinaufging, wo die geschmeidige Luft eines warmen Vormittags im Chiaroscuro, perlmutterglänzend im Reflex und der Lasur der großen (und recht wenig ländlichen) Vorhänge aus empireblauem Satin, die einfachen Gerüche der Seife und des Spiegelschranks schließlich mit einem Firnis überzogen und abgesondert hatte; wenn ich stolpernd den kleinen Salon durchquert hatte, der hermetisch gegen die Hitze verschlossen war und wo ein einziger Lichtstrahl, reglos und faszinierend, schließlich die Luft betäubte, und die Speisekammer, wo der Cidre – den man in Gläsern von etwas zu dickem Kristall ausschenken würde, das beim Trinken Lust machte, sie zu beißen, wie grobgekörnte Haut mancher Frauen beim Küssen – so kühl geworden war, daß er, etwas später, in der Kehle, an deren Scheidewänden in völliger, köstlicher und tiefer Haltung lagern würde – und dann schließlich das Speisezimmer betrat mit seiner durchsichtigen und gefrorenen Atmosphäre eines unstofflichen

Achates, die der Duft von bereits in den Obstschalen aufgehäuften Kirschen äderte und wo die Messer nach höchst vulgärer bürgerlicher Mode, die mich jedoch entzückte, auf kleine Kristallprismen gelegt waren.«

Prousts bissige Kommentare zur Geschmacklosigkeit der Einrichtung täuschen nicht darüber hinweg, daß die Sinneseindrücke, die er dort als Kind empfing, geeignet waren, eingehüllt in die Aromen der Erinnerung literarisiert zu werden. In *Jean Santeuil*, dem postum veröffentlichten Romanfragment, wird Jeans Vater auf der Wagenfahrt vom Bois de Boulogne ins Pariser Zentrum von Erinnerungen heimgesucht an »jenes sechsstöckige Mietshaus, unter dem mit dem Garten von ehedem die glücklichen Jahre von Madame Santeuil und die Erinnerung von zwei Menschen, die ihr so teuer waren, für immer begraben lagen«. Die wehmütige Erinnerung, die diese Reflexion durchzieht, tritt um so schmerzlicher hervor, je deutlicher Jeans Mutter erkennt, welche »bis zur Unkenntlichkeit gehende, umstürzende Verwandlung ihres eigenen Hauses und Gartens« zwischenzeitlich stattgefunden hat. Auch *Auf der Suche nach der verlorenen Zeit* ist zu Anfang stark von Auteuil-Erfahrungen geprägt, wiewohl es den Anschein hat, als verdankten sich die meisten Szenen allein dem Garten der Tante Léonie in Illiers.

Auteuil, das war auch der Platz für Kinderspiele, etwa mit Marcels zwei Jahre jüngerem Bruder Robert, der gleichfalls im Weil-Haus geboren wurde. Dessen Tochter Suzy schildert in ihren Erinnerungen, wie sich Marcel und Robert als »Wilde« ausgaben, zur Verblüffung ihrer Eltern nackt durch den Garten in Auteuil hüpften und mit durchdringenden Schreien die Aufmerksamkeit auf sich zu ziehen suchten.

*Anna de Noailles, Gemälde von
Philip Alexis de László*

Viele Male fuhr Marcel von der elterlichen Stadtwohnung im 8. Arrondissement nach Auteuil – mal mit dem Zug vom Bahnhof Saint-Lazare (ausgestattet mit einer Fahrkarte Erster Klasse, derer sich Marcel vor seinen Mitschülern schämte), mal mit dem Boot über die Seine, mal mit dem Pferde-Omnibus Auteuil – Madeleine, den auch Vater Adrien für den Weg zum Dienst nahm.

Etwa neun Kilometer beträgt die Entfernung zwischen Saint-Lazare und Auteuil, eine Strecke, für die man auch zu Prousts Zeiten keine Ewigkeit benötigte. Für phantasievolle, tatkräftige Männer freilich kann eine solche Bahnfahrt Anlaß für mancherlei Ausschweifung geben. Albert Bloch, ein Freund des Erzählers in *Auf der Suche nach der verlorenen Zeit*, brüstet sich ihm gegenüber, mit Madame Swann aparte Abenteuer im Vorstadtzug auf dem Weg nach Auteuil erlebt zu haben: »›Ich hoffe‹, sagte er, ›durch dich in den Besitz ihrer Adresse zu kommen und so bei ihr ein paar Mal in der Woche die Freuden des von den Göttern geliebten Eros zu genießen, doch insistiere ich nicht, da du den Verschwiegenen spielst einer Person zuliebe, die ein Gewerbe aus diesen Dingen macht und sich mir dreimal hintereinander, und zwar auf die raffinierteste Weise, zwischen Paris und dem Point-du-Jour hingegeben hat.«

Von der Rue La Fontaine läßt sich der Fußweg durch Straßen fortsetzen, die an große Namen der Literaturgeschichte erinnern: Über die Rue George Sand und die Rue Henri Heine kommt man in die Rue du Docteur Blanche, benannt nach dem Vater des Malers Jacques-Émile Blanche, einem erfolgreichen Arzt. Jacques-Émiles Atelier befand sich in der Hausnummer 19; zu sehen ist davon nichts mehr, der komplexe, von Le Corbusier inspirierte Bau, den der Architekt Jean Ginsberg 1953 hier errichtete, verweist auf andere (kunst)historische Zusammenhänge und hat mit der Zeit, da Proust hier oft Gast bei seinem Porträtisten war, nicht viel zu tun.

Über die Rue du Ranelagh, vorbei am Hameau de Boulainvilliers, wo das Haus Nummer 25 an Prousts Schulfreund Fernand Gregh erinnert, und weiter über die Rue Berton gelangt man mit gutem Orientierungssinn nach zwanzig Minuten in eine unscheinbare Straße, die frei jeden Reizes ist und seit 1930 ausgerechnet den Namen »Avenue Marcel Proust« trägt. Weshalb die Sackgasse zu dieser Ehre gekommen ist, erschließt sich nicht; vielleicht war es ja die Idee eines übereifrigen städtischen Angestellten, der seiner Begeisterung für Proust um jeden Preis Ausdruck verleihen wollte.

Über knapp zweihundert Meter erstreckt sich die häßliche Avenue Marcel Proust: eine langgezogene Steinmauer, eine breite Kopfsteinpflasterfahrbahn und schmucklose Bürogebäude im Schatten festungsgleicher Wohnblocks, wie man sie früher ungestraft bauen durfte. Einen Blick auf den Eiffelturm kann man hier und da erhaschen und ansonsten darin Trost suchen, daß sich wenige Schritte entfernt, in der Rue Raynouard 47, die Maison de Balzac befindet. 1840 fand der Großmeister des realistischen Romans dort Unterschlupf, verfolgt von hartnäckigen Gläubigern, und schrieb einige seiner Romane im zweiten Stock dieser »Hütte von Passy«.

In Passy also befindet sich die so unproustische Avenue Marcel Proust, von der aus man mühelos in die Rue Scheffer gelangt. Im Haus mit der Nummer 40 verbrachte Proust einst viele seiner dem gesellschaftlichen Leben gewidmeten Abende. Eine Plakette am Haus, das 1909 erbaut wurde, erinnert daran, daß hier Anna de Brancovan, Herzogin von Noailles, von 1910 bis zu ihrem Tod 1933 lebte. Proust verehrte diese dunkelhaarige Schönheit und war auf ihren Soireen ein häufiger Gast. Seine Bewunderung für die Hausherrin kannte keine Grenzen und galt auch ihrer – längst vergessenen – Lyrik, die er, im »Figaro« beispielsweise, nicht müde wurde zu rühmen. Die Nähe Prousts zu Anna de Noailles zeigt sich bis heute auf anrührende Weise: Rekonstruktionen beider Zimmer befinden sich, Seite an Seite, im Musée Carnavalet, Rue de Sévigné (siehe Kap. 10).

Die Rue Scheffer mündet in Richtung Norden in die Avenue Georges Mandel (vormals Rue Cortambert), wo Proust im Salon der Polignacs, die sich besonders den Künsten zuwandten und ein aufwendiges Mäzenatentum pflegten, erstmals auch Gabriel Faurés Sonate in A-Dur für Violine und Klavier hörte – ein Musikstück, das als eine der Inspirationsquellen für die berühmte Vinteuil-Sonate in der *Suche nach der verlorenen Zeit* gilt. Fauré, den Proust außerordentlich verehrte, starb 1924; sein Grab befindet sich auf dem Friedhof von Passy, der trotz seiner geringen Ausdehnung zahlreiche prominente Gräber aufweist. Viele Besucher der nahegelegenen Place du Trocadéro nutzen die Gelegenheit, hierher einen Abstecher zu machen, zu Gabriel Fauré, zu Claude Debussy oder Edouard Manet und seiner Schwägerin Berthe Morisot.

Daß auch der Filmkomiker Fernandel (*Don Camillo und Peppone*) 1970 seine letzte Ruhestätte in Passy gefunden hat, sei nicht verschwiegen, obwohl es in diesem Fall nicht ganz leicht fällt, Proust-Bezüge glaubhaft herzustellen.

3. Vollgepackt mit schweren Möbeln: der Boulevard Malesherbes

Die Place de la Madeleine und ihre Umgebung im 8. Arrondissement bildeten jahrzehntelang der Lebensmittelpunkt Prousts. Hier verbrachte er seine Jugend, hier ging er zur Schule und nachmittags auf die Champs-Élysées oder in den Parc Monceau. Hier, in der elterlichen Wohnung im Boulevard Malesherbes, gab er opulente Empfänge, und von hier aus war es nicht weit zu den Cafés und Restaurants an der Place de la Madeleine, die vielfältige Gelegenheiten zu abendlichen Zusammenkünften mit Freunden boten.

Als Proust in der Sommerunterkunft von Auteuil geboren wurde, hatten seine Eltern ihren Hauptwohnsitz in der kleinen Rue Roy, die über den Boulevard Haussmann hinweg die Rue de Laborde und die Rue La Boëtie miteinander verbindet. Die laute Straße und die zu kleine Wohnung zwangen die Eltern bald dazu, nach einer größeren Unterkunft Ausschau zu halten, zumal die Familie im Mai 1873 mit der Geburt des Bruders Robert Zuwachs bekam. Eiserne Balkone, weiße Fensterläden, ein schweres, dunkles Portal – wäre die enge Rue Roy heute nicht mit Autos zugeparkt und würde nicht nebenan ein Werbeschild für Poggenpohl-Küchen grell auf die Gegenwart verweisen, ließe sich gut vorstellen, wie die Familie um den aufstrebenden Mediziner Adrien Proust hier ihren wachsenden Wohlstand genoß und am sich ungemein rasch verändernden Pariser Leben Anteil nahm. Umgerechnet über 6000 Euro betrug allein die Jahresmiete in der Rue Roy, ein stolzer Betrag, wenn man sich vergegenwärtigt, daß ein Arbeiter-

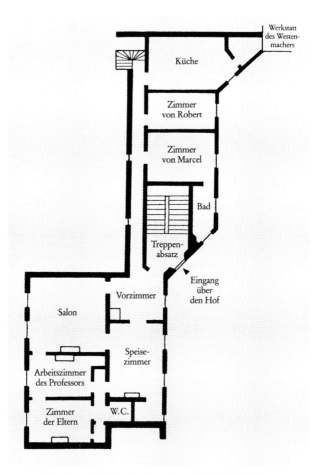

9, Boulevard Malesherbes. Grundriß der Wohnung

haushalt seinerzeit mit wenig mehr als der Hälfte ein ganzes Jahr lang über die Runden kommen mußte.

Am 1. August 1873 zogen die Prousts um: Man blieb in der vertrauten Gegend und übersiedelte in den wenige Minuten entfernten Boulevard Malesherbes, Hausnummer 9. Der Grundriß zeigt ein großzügiges Intérieur mit einem langgezogenen Flur, der an den Zimmern der beiden Söhne vorbeiführt. Adrien Proust hatte sich bewußt für ein modernes Haus entschieden, das bereits über die segensreiche Errungenschaft eines Aufzugs verfügte; es gehörte zum »neuen« Paris, lag in einem Quartier, das von Baron Haussmann, dem berühmten und vielgeschmähten Stadtplaner, umgestaltet worden war.

Die Wohnung der Prousts spiegelte das wohlbestallte bürgerliche Leben, wie es sich vor der Jahrhundertwende etablierte, und noch heute läßt das wuchtige Haus erahnen, was es bedeutet haben muß, hierher zu ziehen. Dennoch – und dies zieht sich wie ein roter Faden durch Prousts Pariser Wohnverhältnisse – befremdete die Inneneinrichtung manchen Besucher. Oscar Wilde äußerte sich abfällig, und auch Marcels Freund Fernand Gregh, der mit ihm das Gymnasium besuchte und an seinen literarischen Anfängen teilhatte, erinnerte sich mit Unbehagen an den Boulevard Malesherbes, wo er jahrelang ein- und ausging: »Die Erinnerung, die ich daran bewahrt habe und die sofort wiederkehrt, wenn ich die Augen schließe, ist die an ein ziemlich dunkles Wohnungsinnere, vollgestellt mit schweren Möbeln, zugehängt mit Vorhängen und erdrückt von Teppichen.«

Dennoch war der Boulevard Malesherbes eine gute Adresse für große Dîners, die Proust helfen sollten, ins literarische Leben vorzudringen und Kontakte zum Adel zu

Boulevard Malesherbes

knüpfen. Ende April 1899 sind beispielsweise Anna de Noailles, Robert de Montesquiou, der extravagante Hochadlige und »Lehrer der Schönheit«, wie Proust ihn nannte, und Anatole France, der drei Jahre zuvor das Vorwort zu Prousts Erstling *Freuden und Tage* beigesteuert hatte, zu Gast bei Familie Proust.

Siebenundzwanzig Jahre verbrachte Proust in diesem Haus, und es darf mit Fug und Recht als seine Pariser Ur-Wohnung bezeichnet werden. Der Erzähler in *Auf der Suche nach der verlorenen Zeit* ist, so vage Proust in diesem Fall mit Ortsangaben umgeht, in einer Gegend zu Hause, die in vielem an die Straßen zwischen Place Saint-Augustin und Place de la Madeleine erinnert. Eine Randfigur des Romans, Onkel Adolphe, wohnt Boulevard Malesherbes 40 bis – eine verklausulierte Anspielung auf reale biographische Bezüge, denn Prousts Großeltern mütterlicherseits lebten Rue du Faubourg-Poissonnière 40 a, und es hatte sich im Sprachgebrauch der Prousts eingebürgert, Besuche bei ihnen mit der Wendung »in die 40 a gehen« zu umschreiben.

Vor Nummer 8 Boulevard Malesherbes, auf der anderen Straßenseite, ist noch heute die »Colonne Morris« zu sehen, jene mit einer grünen Pickelhaube gekrönte Litfaßsäule, deren Plakate Proust die Aussicht auf Theater- und Konzertbesuche verhießen. Der Erzähler in *Unterwegs zu Swann* beschreibt solche Momente jugendlicher Neugier:

»Jeden Morgen lief ich bis zur Anschlagsäule, um nachzusehen, welche Stücke angezeigt waren. Nichts hätte selbstloser und beseligender sein können als die Träume, die jedes angekündigte Stück meiner Einbildungskraft schenkte und die für mich die Würze durch die Bilder erhielten, die sich unweigerlich gleichzeitig mit den Worten einstellten, aus denen der jeweilige Titel bestand, sowie auch durch die Farbe der noch feuchten und vom Leim geschwellten Plakatzettel, auf denen sie erschienen.«

Beinahe noch einmal wäre Proust in den Boulevard Malesherbes gezogen, als er im Sommer 1919 eine neue Bleibe suchte. In der ihm eigenen Mischung aus Hypochondrie, Empfindsamkeit und Unentschlossenheit wägte Proust die Wohnungsofferten ab und war – wie immer – unschlüssig, welche der zahllosen Nachteile, die jede Behausung naturgemäß mit sich bringt, er in Kauf nehmen sollte. Als ihm etwas am nördlichen Ende des Boulevard Malesherbes in Aussicht gestellt wurde, wandte er sich an seinen alten Freund Robert Dreyfus, um detaillierte Informationen zu erhalten:

»Ich schreibe Dir nochmals, heute jedoch nicht wegen etwas Literarischem. In dem an das Deine angrenzende Haus (156) ist eine Wohnung zu vermieten (im 4. Stock). Könntest Du mir sagen (obwohl Du es selbstverständlich kaum wissen wirst, da Du persönlich hierin nicht empfindlich bist und weniger darauf achtest), ob der Rauch der Eisenbahn, selbst in geringem Maße, die Luft beeinträchtigen kann, die man in diesem Teil des Boulevard Malesherbes einatmet. Ich will Dich nicht auch noch mit den Gründen behelligen, die mir diese Wohnung, wäre nicht der Rauch, ziemlich günstig erscheinen lassen. (...) Eine Etage höher wäre mir lieber gewesen, um dem Straßenbahnlärm und vor allem dem Staub mehr zu entgehen und niemanden über meinem Kopf zu haben. Zwar hätte ich genauso gern eine Wohnung im 6. Stock in der Rue de Rivoli bezogen, um sehr hoch über der Feuchtigkeit der Seine zu sein, aber im Boulevard Malesherbes ist das nicht so wichtig. (...) Übrigens habe ich nicht die geringste Ahnung, wie die

Wohnung aussehen mag, da ich außerstande bin, sie zu besichtigen. Ich hoffe, daß die Mauern dick sind und das Haus nicht feucht, im Stockwerk darüber nicht allzu viel Klavier gespielt wird und man im Hause nicht gerade Reparaturarbeiten ausführen lassen will. Vielleicht hast du ja als direkter Nachbar sagen hören: Es ist feucht. Oder: Man wird Löcher bohren, um überall Zentralheizung einzubauen. Oder: Der Hausverwalter ist ein schrecklicher Mensch. Vielleicht hast Du aber auch gar nichts reden hören.«

Die Rückkehr ins angestammte Quartier zerschlägt sich; die Wohnung in der Rue Hamelin (siehe Kap. 16), die Proust schließlich bezog, war weit davon entfernt, den brieflich formulierten Ansprüchen zu genügen.

Proust stand der Gegend um den Boulevard Malesherbes zwiespältig gegenüber. Von der Hausnummer 9 aus, dessen Innenhof noch heute die kleinen, im Roman beschriebenen Geschäfte des Hôtel des Guermantes wachruft, fiel Prousts Blick auf die wuchtige, zwischen 1860 und 1871 erbaute Kirche Saint-Augustin, die für ihn das moderne, funktionelle Paris, die Geschmacksverirrungen des Second Empire versinnbildlichte. An den Baustil der italienischen Renaissance erinnernd, hatte dieser Bau wenig von den beseligenden Kirchen Illiers' und reichte nicht an deren erinnerungsdurchtränkte Ausstrahlung heran. Die mächtige, fünfzig Meter hohe Kuppel von Saint-Augustin taugte nicht zum Objekt der Versenkung; mit ihren Gravüren blieb sie für Proust ein Fremdling, da man nicht »das hineinlegen konnte, was ich seit langem verloren hatte, das Gefühl nämlich, aufgrund dessen wir eine Sache nicht wie ein Schauspiel betrachten, sondern daran glauben als an eine Wesenheit, die ihresgleichen nicht hat«.

Die Kirche Saint-Augustin

Vor diesem Hintergrund erklärt sich, daß der Erzähler in der *Suche nach der verlorenen Zeit* zu einer überraschend abschätzigen Beurteilung des Viertels kommt: »Sogar in einem der häßlichsten Stadtviertel von Paris ist mir ein Fenster bekannt, durch das man über eine erste, zweite und auch noch dritte von dem Dächerkonglomerat mehrerer Straßenzüge gebildete Kulissenwand hinweg bald violett, bald rötlich, manchmal aber auch – auf den edelsten Abzügen, die die Atmosphäre davon schafft – wie in einem aus Asche gewonnenen schwarzen Ton eine Glocke sieht, die nichts anderes ist als die Kuppel von Saint-Augustin und die dieser Ansicht von Paris etwas von gewissen römischen Veduten Piranesis gibt.«

Anfang Februar 1903 wurde die ungeliebte Kirche Saint-Augustin zum Schauplatz einer Feierlichkeit, der Proust psychisch und physisch kaum gewachsen war: Sein Bruder Robert, der bereits die ersten Stufen seiner glänzenden Karriereleiter genommen hatte, heiratete dort die 24-jährige Marthe Dubois-Amiot und fügte damit seinem bürgerlichen Lebensgebäude einen weiteren Stein hinzu – einem Gebäude, auf das Marcel mit unterschwelligem Neid blickte. Ohnehin von Eifersuchtsattacken gegen Robert ergriffen, mußte der Brautführer Marcel erkennen, daß diese Form unverdächtiger Heterosexualität für ihn unerreichbar bleiben würde. Immer wieder hatte er den Anschein zu erwecken versucht, auch bald im Hafen der Ehe zu landen. Die Zahl der ungestüm angehimmelten Kandidatinnen war nicht gering, und Proust schürte die Glut in leidenschaftlichen Briefen, die so klingen, als habe er sich selbst von der Möglichkeit einer solchen Alliance überzeugen wollen. Ernsthafte Heiratspläne schmiedete er nie.

Robert Proust kannte diese Zerrissenheit nicht, und so

konnte sein Bruder nicht umhin, an der Hochzeitszeremonie und dem anschließenden Empfang in der Avenue de Messine teilzunehmen – ein protokollarischer Zwang, der ihm schwer zusetzte. Schon Wochen zuvor befürchtete er, während der Feierlichkeit in nervöses Lachen auszubrechen, und die Nächte vor dem Festtag vermochte er keinen Schlaf mehr zu finden: »Die Hochzeit von Robert hat mir buchstäblich den Garaus gemacht.« Zwei Wochen lang verließ er danach sein Bett nicht mehr, und die Kommentierung des familiären Großereignisses ließ es auch im nachhinein nicht an galliger Eindeutigkeit fehlen: »Ich habe soeben einen Bruder verheiratet, was beinahe genauso ermüdend ist, wie selbst zu heiraten.«

Immerhin: Die Gegend um die Place Saint-Augustin hatte auch gute Seiten. Céleste Albaret, die Seele im Proustschen Haushalt, berichtet in ihren Memoiren davon, wie es die vortrefflichen Feinkosthändler an der Place Saint-Augustin verstanden, Prousts berüchtigten Heißhunger zu stillen:

»›Liebe Céleste, ich glaube wirklich, ich würde gerne eine gebratene Scholle essen. Wie lange, glauben Sie, wird es dauern, bis ich sie haben könnte, wenn es Ihnen nicht zu ungelegen kommt?‹

›Aber sofort, Monsieur.‹

›Das ist sehr freundlich von Ihnen, Céleste!‹

Es gab ganz in der Nähe bei Félix Potin an der Place Saint-Augustin ein sehr gutes Fischgeschäft. Ich flitzte hin, ich rannte mit der Scholle zurück, ich briet sie und beeilte mich, sie ihm zu bringen, angerichtet auf einer großen Porzellanschüssel auf einer ganz sauberen, doppelt gefalteten Damastserviette, damit das Öl gut aufgesaugt werde, und mit einer halben Zitrone an allen vier Zipfeln der Serviette.«

Robert Proust, Foto von Paul Nadar

*Ausgang des Lycée Condorcet zur Rue Caumartin
auf einem Gemälde von Jean Béraud*

4. Ein anziehender Kreis: das Lycée Condorcet

Von der Place Saint-Augustin gelangt man – über den Boulevard Haussmann gen Osten – in wenigen Minuten zu einer weiteren »Proust-Kirche«, zur Église Saint-Louis d'Antin in der Rue Caumartin. Am 5. August 1871 wurde der drei Wochen alte Marcel dort katholisch getauft. Die Kirche, zu deren Gemeinde die damals in der Rue Roy wohnenden Eltern gehörten, ist die ehemalige Kapelle eines Kapuzinerklosters, das Ende des 18. Jahrhunderts errichtet wurde. Einst für arme Mönche gebaut, zeichnet sich die Kirche durch große Schlichtheit aus und war ursprünglich völlig schmucklos. Erst später wurden die Säulen mit Apostelfiguren bemalt.

Das Kloster gehört heute zum Lycée Condorcet (bis Januar 1883: Lycée Fontanes), in das Proust im Oktober 1882 eintrat. Die Schule war von der elterlichen Wohnung bequem zu erreichen und genoß einen liberaleren Ruf als die Konkurrenzinstitute auf der anderen Seine-Seite, wie sich Robert Dreyfus erinnerte:

»Das Lycée Condorcet war nie ein Zuchthaus. Es erinnerte damals an eine Art Kreis, dessen Anziehungskraft so subtil war, daß manche Schüler, darunter Marcel Proust zum Beispiel und meine anderen Freunde, oft versuchten, schon vor der vorgeschriebenen Zeit dort zu sein: so ungeduldig waren wir, uns wiederzusehen und im spärlichen Schatten der Bäume, die den Cour du Havre schmückten, zu diskutieren, während wir auf den Trommelwirbel warteten, der uns eher anriet denn befahl, in die Klassenzimmer zu gehen. Die Disziplin war nicht besonders streng; unseren Familien erschien sie manchmal sogar ein wenig zu locker.«

Das weniger wegen seiner Architektur als wegen seiner Schüler (neben Proust zum Beispiel Charles-Augustin Sainte-Beuve, Alexandre Dumas fils, Henri Bergson, Alfred de Vigny, Antoine Henri Bequerel, Jean-Jacques Ampère und Eugène Sue) bekannte Gymnasium zwängt sich heute als Block zwischen die Rue Caumartin und die Rue du Havre. Der Verkehr, dessen Abgasemissionen inzwischen die Bausubstanz in Mitleidenschaft ziehen, und der damit verbundene Lärm lassen kaum einen Gedanken an die klösterliche Vergangenheit des Areals aufkommen. Die Rue du Havre, an deren Front längst ein modernes Gebäude steht, und die Rue Caumartin werden durch die Passage du Havre verbunden, eine unauffällige Einkaufszeile mit dem üblichen großstädtischen Angebot, die zu Prousts Zeiten (so zumindest Robert Dreyfus) mit Attraktionen lockte, die heute nicht mehr zu erahnen sind:

»Was unsere Eltern vor allem beunruhigte, war die Nähe der legendären Passage du Havre, die sie als Grotte düsterer Verführungen ansahen. Mir scheint es, daß ihre Befürchtungen wirklich übertrieben waren: Ich erinnere mich nicht einmal daran, meine ersten Zigaretten in dieser Passage geraucht zu haben, wo ich niemals größere Versuchungen entdecken konnte als ein gut besuchtes Papierwarengeschäft, dessen ›Schulausstattung‹ wir zu kaufen begierig gewesen waren, und einen Süßwarenladen, der unvergleichlich gute Karamellbonbons feilbot.«

Prousts Schulzeit schlug sich literarisch kaum nieder: Das Romanfragment *Jean Santeuil* greift gelegentlich auf Lycée-Condorcet-Erfahrungen zurück, während *Auf der Suche nach der verlorenen Zeit* davon kaum berichtet.

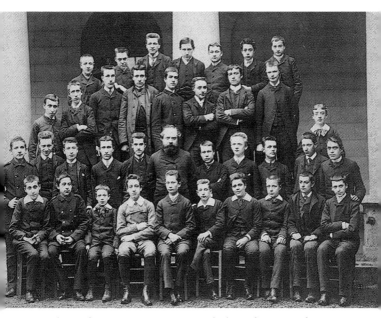

Klassenfoto (1886/1887), Proust links außen sitzend

Einer von Prousts Lehrern allerdings, Philosophieprofessor Alphonse Darlu, hinterließ einen nachhaltigen Eindruck. Der charismatische Darlu prägte Prousts philosophische Lehrzeit und wurde 1896 in der Widmung, die Proust seiner Sammlung *Freuden und Tage* voranstellte, als »großer Philosoph« gerühmt, dessen »inspiriertes Wort, sicherer zu dauern als Geschriebenes, in mir wie in so vielen anderen das Denken befruchtet hat«.

Einige von Prousts Schulkameraden am Condorcet, darunter Fernand Gregh, Robert Dreyfus, Robert de Flers und Daniel Halévy, waren mit von der Partie, als man

Passage Choiseul

1892 die ambitionierte Literaturzeitschrift »Le Banquet« gründete. Für mehr als acht Nummern reichte das Budget der Redaktion nicht, obschon ihre Mitglieder das Projekt mit 10 Francs im Monat bezuschußten. Proust steuerte zahlreiche kleinere Texte bei, etwa das in *Freuden und Tage* aufgenommene Prosastück *Violante oder die mondäne Welt*.

Als Treffpunkt diente den Jung-Literaten, vermittelt durch Henri de Rothschild, ein Zwischenstock in der Buchhandlung Rouquette, die sich im 2. Arrondissement befand, genauer: in der Passage Choiseul. Diese verbindet die Rue des Petits-Champs und die Rue Saint-Augustin und ist einen kleinen Umweg wert. Mit ihren unverwechselbaren, unter Arkaden verborgenen Boutiquen hat sie sich in die Weltliteratur weniger durch Proust als durch Louis-Ferdinand Céline eingeschrieben, dessen Mutter hier ein Ladengeschäft betrieb. In *Tod auf Kredit* hat Céline dieses Elend einer Jugend in Armut unerbittlich festgehalten. Hausnummer 52 beherbergt die bekannte, 1922 begründete Papeterie Lavrut, die vor allem wegen ihres Mal- und Zeichensortiments viel besucht wird. Vom Proustschen Redaktionstreff – Nummer 71 – ist heute nichts mehr zu sehen. Direkt nebenan befindet sich der Hintereingang des Théâtre des Bouffes Parisiens, wo mitunter auch Laurence Sémonins Farce *La Madeleine Proust fait le tour du monde* gespielt wird ...

5. Barlauf mit Mädchen: die Champs-Élysées

Bis ins 17. Jahrhundert reichen die Pläne zurück, die Tuilerien nach Westen hin zu verlängern und aus den Feldern und Sümpfen eine kultivierte Gartenanlage zu machen: die nach der griechischen Mythologie benannten Champs-Élysées. Die langgestreckte, vom Louvre über die Place de la Concorde bis zum Théâtre du Rond-Point reichende Anlage hat sich ihre Anziehungskraft bewahrt und lädt dazu ein, auf knirschendem Kies zu flanieren und die Füße hoch zu legen, einen nicht allzu komplizierten Liebesroman zu lesen, Bekanntschaften zu knüpfen und sich vorzustellen, wie sich hier Ende des 19. Jahrhunderts die Kinder des Pariser Westend-Adels und der bürgerlichen Familien zu gesitteten Nachmittagsunternehmungen trafen.

Auch die Prousts gehörten dem Kreis an, der solche kontrollierten Begegnungen pflegte, wenngleich, so wird *Im Schatten junger Mädchenblüte* ausgeführt, mitunter hygienische Bedenken gegenüber dem ungezwungenen Spiel in den Anlagen herrschten:

»Seit einiger Zeit begegneten in gewissen Familien die Mütter dem Namen der Champs-Élysées, wenn ein Bekannter ihn fallen ließ, mit der feindseligen Miene, die sich für den bekannten Arzt aufsparen, von dem sie sagen, er habe zu viele Diagnosen gestellt, als daß sie noch zu ihm Vertrauen haben könnten; es wurde behauptet, diese Anlagen bekämen den Kindern nicht, es gebe viele Beispiele von Halsschmerzen, Röteln und Fieberanfällen, die durch sie verursacht seien. Ohne geradezu Mamas mütterliche Gefühle in Frage zu stellen, die mich auch weiter hingehen ließ, bedauerten doch einige ihrer Freundinnen aufs tiefste, wie verblendet sie sei.«

Zum Glück nahm Madame Proust – wenn wir diese Romanstelle uneingeschränkt autobiographisch lesen – die Ratschläge ihrer Bekannten nicht allzu ernst und ließ ihrem Sohn sein Nachmittagsvergnügen. Die Ausflüge in die Champs-Élysées waren die Höhepunkte des Tages, leuchteten als heiß ersehnte Sternstunden. Ängstlich wurde jeder Anlaß registriert, der diese Unternehmungen gefährden könnte. Eine Szene aus *Jean Santeuil* spiegelt diese Furcht wider:

»Er bekam Angst, gescholten zu werden, und stieg die Treppe wieder hinauf. Endlich würde er sie in die Arme schließen, und er rief von oben hinunter: ›Guten Tag, mein liebes Mamachen.‹ – ›Mein lieber kleiner Jean, ich habe eben Monsieur J. aufgesucht, den ich schon seit langem gebeten hatte, dir Unterricht zu erteilen. Er erwartet dich um zwei Uhr bei sich.‹ – ›Um zwei Uhr? Da kann ich aber nicht, da gehe ich in die Champs-Élysées‹, sagte Jean, der alles sehr wohl durchschaute. ›Gut, dann gehst du eben nicht in die Champs-Élysées. Es wird Zeit, daß du einmal richtig zu arbeiten anfängst.‹ – ›Nicht in die Champs-Élysées?‹ rief Jean wütend aus, ›nicht in die Champs-Élysées? Doch ich gehe hin. Monsieur J. ist mir ganz egal, ich bringe ihn eher im Vorbeigehen um, wenn ich ihm begegne, diesen absonderlichen alten Affen, ich bringe ihn um, hast du gehört?‹«

Eine Zeitlang ging Marcel fast jeden Tag in die Champs-Élysées, wo er mit seinen Schulkameraden zusammentraf und vor allem erste zaghafte Annäherungen an das weibliche Geschlecht unternahm. Robert Dreyfus begann seine Erinnerungen an Proust mit einer Szene aus dieser Zeit:

Im Garten der Champs-Élysées

»Im Garten der Champs-Élysées, in der Nähe des Restaurants des Ambassadeurs, geht der von der Avenue Gabriel kommende Passant zunächst um eine ziemlich große Grünfläche mit einem Springbrunnen in der Mitte herum, auf dem die Statue einer sich die Haare flechtenden Badenden steht. Dann kommt er an einer Allee vorbei, die an dem ehemaligen Sommer-Alcazar entlangführt, und stößt auf zwei Karussele mit Holzpferden. (...) Dort sah ich Marcel Proust als Kind Barlauf spielen oder, was er noch lieber tat, mit den kleinen Jungen von damals reden. Er trug uns allen bereits Verse vor, verließ uns aber sofort, sobald er eine seiner jungen Freundinnen kommen sah.«

In vielen Passagen seiner Bücher hat Proust auf das Spielszenario der Champs-Élysées zurückgegriffen. Barlauf ist ein Geländespiel, bei dem sich die Spieler, verteilt auf ein Rechteck, in zwei Gruppen aufteilen und versuchen, die Konkurrenten der gegnerischen Mannschaft gefangenzunehmen. Ein harmloser Zeitvertreib, und doch einer, der es erlaubt, Freundschaftsbündnisse zu schließen, die eigenen Chancen einzuschätzen und Gunst auf subtile Art zu erweisen und zu erlangen. Jean Santeuil zum Beispiel ist hellauf beglückt, als er der Gruppe der von ihm angebeteten Marie Kossichef zugeteilt wird:

»›Sie gehören zu Maries Partei‹: Noch lange hörte Jean diese köstlichen Worte in seinen Stunden des Zweifels. Wenn er sich häufig des Abends aufgrund der Beweise, die Mademoiselle Kossichef ihm im Laufe des Tages gegeben hatte, von ihrer Gleichgültigkeit überzeugen mußte, so rief er sich diese Worte ›Sie gehören zu Maries Partei‹ und das aufblitzende, spöttische und süße Lächeln, mit dem sie sie angehört hatte, in die Erinnerung zurück.«

Unverstellter als in der *Suche nach der verlorenen Zeit*

läßt der frühe Romanentwurf erkennen, welches reale Vorbild sich hinter Marie Kossichef verbirgt: Es ist die 1875 geborene Marie Bénardaky, die zum Kreis der Proustschen »Jeunes Filles« zählte. Proust begegnete ihr 1886 zum erstenmal. Das Verhältnis zu ihr ist gezeichnet von früher Leidenschaft, hoffnungslosen Wünschen und ewigen Zweifeln – psychische Abhängigkeiten, die Proust wieder und wieder seziert und wie kein zweiter in ihren Verästelungen und Reprisen schreibend durchlebt.

Maries Eltern wohnten in der Rue de Chaillot 65 (was heute deren Verlängerung, Rue Quentin-Bauchart 7, entspricht), einer kleinen Straße, die die Avenue Pierre de Serbie und die Avenue Marceau verbindet. Eine gute Viertelstunde Fußweg ist es von hier bis zu den Champs-Élysées, nah genug, um das süße Objekt des Begehrens einzukreisen und von allen Seiten in Augenschein zu nehmen. Der Romanfigur Jean Santeuil bereitet es keine Schwierigkeiten, sich trickreich dem magischen Haus zu nähern: »... und fixierte mit seinen Augen immerfort jenes Haus in der Rue de Chaillot, in dem Mademoiselle Marie Kossichef wohnte und das er nie betreten hatte, wohin er jedoch seine Kinderfrau führte, damit Marie ebenso wie zum Ziel aller seiner Gedanken zu dem seiner Spaziergänge würde.«

Vor allem in *Unterwegs zu Swann* gelang es Proust, die Begegnungen mit Marie literarisch überzeugend umzusetzen. Viele autobiographische Momente bleiben bestehen, doch mit der Figur Gilberte Swann, die nun zum Auslöser erster Liebe wird, erhalten die Parkanlagen der Champs-Élysées ihren wahren symbolischen Gehalt. »In die Anlagen der Champs-Élysées zu gehen war mir unerträglich« – ist es anfänglich Zwang, an Françoises Seite beaufsichtigt spazierenzugehen, so führt eine einzige Begegnung dazu, den verhaßten Ort in ein völlig anderes, in ein strahlendes Licht zu tauchen:

»Eines Tages, als ich mich an unserem gewöhnlichen Platz in der Nähe des Karussells mit den Holzpferdchen langweilte, hatte Françoise mit mir – über jene Grenze hinaus, die in regelmäßigen Abständen durch die kleinen Bastionen der Süßwarenverkäuferinnen bezeichnet wird – einen Ausflug in jene benachbarten, aber fremden Bezirke unternommen, wo man die Gesichter nicht kennt, dorthin, wo der Ziegenwagen verkehrt; dann war sie zurückgegangen, um ihre Sachen von einem Stuhl zu holen, der mit der Lehne an einem Lorbeerboskett stand; während ich auf sie wartete, stampfte ich über das kümmerliche, niedrige Gras der von der Sonne vergilbten Rasenfläche, an deren Ende das Wasserbecken von einer Statue beherrscht wird, als ich von der Allee herüber hörte, wie einem Mädchen mit rotblondem Haar, das vor dem Wasserbecken mit dem Federball spielte, ein anderes, das gerade seinen Mantel anzog und sein Rackett in das Futteral schob, mit schroffer Stimme rief: ›Adieu, Gilberte, ich gehe jetzt, vergiß nicht, daß wir heute abend nach dem Essen zu dir kommen.‹ Gilberte, dieser Name klang neben mir auf, und er beschwor die Existenz der durch ihn bezeichneten Person mit um so größerer Macht, als er sie nicht nur als ein Abwesendes, von dem die Rede ist, benannte, sondern direkt anredete.«

Der zufällig gehörte Name entfacht ein Feuer der Leidenschaft und der gleichzeitig einsetzenden Sehnsucht; aus einer teilnahmslos, ja widerwillig aufgesuchten Örtlichkeit macht der Zufall einen Locus amoenus. Die Champs-Élysées werden zum Fluchtpunkt der Gedanken und Träume. Jeder Regentropfen, der den nachmittäglichen Ausgang in Frage stellt, wird mit Verwünschungen bedacht, und beseli-

Im Garten der Champs-Élysées

gende Ruhe tritt erst ein, wenn man der Verehrungswürdigen von ferne ansichtig wird. Gilberte wird zur Barlauf-Mitspielerin und – in einer Schlüsselszene – auch zum Widerpart in einem harmlos anmutenden Ringkampf, der seine sexuellen Absichten (und Folgen) nur notdürftig verkleidet:

»Ich versuchte, sie an mich zu ziehen, sie leistete Widerstand; ihre eiferheißen Wangen waren wie Kirschen so rund und rot; sie lachte, als kitzelte ich sie; ich hielt sie zwischen den Knien fest wie einen jungen Baum, auf den ich steigen wollte; mitten in dieser Gymnastik aber, ohne daß ich stärker atmete, als ich es infolge der Muskelanstrengung und in der Hitze des Spiels ohnehin schon tat, strömte genauso wie ein paar Schweißtropfen, die die Anstrengung einem entlockt, meine Lust aus mir, ohne daß ich nur Zeit gehabt hätte, sie richtig auszukosten.«

In Paris zu sein, das bedeutet für den Erzähler der *Suche nach der verlorenen Zeit*, in Gilbertes Nähe zu sein. Die Stadt definiert sich durch die geliebte Person: »Ohne ihre Gegenwart erschien mir die angenehmste Gegend wie ein Verbannungsort, und ich wünschte mir einzig, immer in Paris zu bleiben, solange ich mit ihr in den Champs-Élysées-Anlagen zusammensein konnte.« Wo er Gilberte trifft, ist letztlich gleichgültig, und diese Haltung spiegelt den Proustschen Umgang mit Paris wider. Seine Beschreibungen der Anlagen und ihrer markanten Punkte zeichnen sich nicht durch großen Realismus oder penible Detailfreude aus. Prousts Skizzen der Champs-Élysées (oder des Parc Monceau oder des Bois de Boulogne) lassen zwar oft ein Wiedererkennen zu, doch sie liefern selten mehr als ein topographisches Grundgerüst. Es geht ihm darum, von Gefühlen und ihren Veränderungen zu erzählen, sie in ein symbolisch grundiertes Stadtgefüge einzupassen. Realitätstreue wird dabei bisweilen gewichtigeren Erzählabsichten geopfert, die auch sonderbare, auch ›unrealistische‹ Spaziergänge der Figuren erforderlich machen.

An der Seite Françoises wartet das jugendliche Ich auf Zeichen, die auf Gilbertes Ankunft hindeuten, und manchmal genügt es ihm auch, seiner Angebeteten ›auf dem Papier‹ nahe zu sein: »Ich hatte immer einen Plan von Paris bei der Hand; weil man darauf die Straßen erkennen konnte, in der Monsieur und Madame Swann wohnten, schien er mir einen Schatz zu bergen.« Der Klang der Straßennamen, der Klang des Familiennamens – allein das ist Stoff genug, um sich Gilberte träumend anzunähern. Wenn dies indes konkret geschehen soll, tun sich Schwierigkeiten auf. Viele Wege führen, auch heute, zu den Champs-Élysées, und so hängt Prousts Erzähler oft von den Launen Françoises ab oder von plötzlichen Eingebungen, die Gilbertes Begleiterin zu ungewöhnlichen Routen verleiten:

»Ich zog Françoise mit mir fort, um Gilberte bis zum Arc de Triomphe entgegenzugehen, doch wir trafen sie nicht, und ich kehrte zum Rasenplatz in der Überzeugung zurück, sie werde nicht mehr kommen, als beim Karussell das Mädchen mit der schroffen Stimme mir entgegengelaufen kam: ›Schnell, schnell, Gilberte ist schon seit einer Viertelstunde da. Sie muß bald wieder gehen. Wir warten mit dem Barlauf auf Sie.‹ Während ich die Avenue des Champs-Élysées hinaufgegangen war, war Gilberte durch die Rue Boissy d'Anglas gekommen; ihr Fräulein hatte das gute Wetter genutzt, um Einkäufe für sich selbst zu machen.«

Die Rue Boissy d'Anglas, die vom Boulevard Malesherbes zu den Champs-Élysées führt, war für Proust nicht nur ein Ort romantischer Erwartungen. Kurz vor seinem

»Le bœuf sur le toit« in den zwanziger Jahren

Tod, im Juli 1922, geriet Proust in eine handgreifliche Auseinandersetzung, als er mit Paul Brach und Edmond Jaloux das angesagte, nach einem Cocteau-Stück benannte Nachtlokal »Le bœuf sur le toit«, damals Hausnummer 28, aufsuchte. In einem Brief schilderte Proust wenige Tage später seine Hoffnung, eine Streitigkeit in der Bar für ein Duell nutzen zu können – eine Erfahrung, die er 1897 bereits einmal gemacht hatte, als er einen ihm nicht wohlgesonnenen Rezensenten herausforderte: »Ich war der Meinung, die zauberhafte Zeit der Duelle werde erneut für mich beginnen.«

Heute hat das Lokal längst seine Tore geschlossen, nichts verweist darauf, daß der sterbenskranke Proust sich nach einer Rauferei mit einem Betrunkenen duellieren wollte und er in der Konfusion dieses Abends um ein Haar von einem Brathuhn und einem Eisbehälter am Kopf getroffen worden wäre.

6. Ein Toilettenhäuschen

Zurück auf die Champs-Élysées: Während sich die berühmte Straße mit ihrem grandiosen Blick auf den Triumphbogen als ein Sinnbild Pariser Weite präsentiert, hat der glanzlos wirkende Park seine großbürgerlich-adlige Schönheit weitgehend eingebüßt. Konkrete Details, die sich in Prousts erzählerischen Variationen der Grünanlage finden – das Lorbeergesträuch zum Beispiel –, haben sich jedoch erhalten. Und vor allem steht jenes gußeiserne Toilettenhäuschen noch, das durch *Im Schatten junger Mädchenblüte* und *Guermantes* zu einem literarischen Ort avanciert ist und als eine der wenigen Bedürfnisanstalten dieser Welt Denkmalschutz für sich reklamieren darf.

Françoise ist es zuerst, die dieses Exempel zivilisatorischen Fortschritts aufsucht: »Dann mußte ich Gilberte einen Moment verlassen, Françoise hatte mich gerufen. Ich sollte sie in einen kleinen, grünbewachsenen Pavillon begleiten, der den nicht mehr als solche benutzten Akzisehäuschen im alten Paris glich und in dem seit kurzem das eingerichtet war, was man in England als Lavabo und in Frankreich einer fehlgeleiteten Anglomanie zufolge als Water-Closets bezeichnet. Die feuchten, alten Mauern des Eingangsraums, in dem ich auf Françoise wartete, hauchten eine muffige Frische aus.«

1881 waren diese Stätten der Erleichterung in Paris eingerichtet worden, und das »Modergerüchlein«, das aus dem moosgrünen Etablissement aufsteigt, versetzt den Erzähler in einen beseligten, zauberhaften Zustand – bis ihn die mit Puder und Perücke ausgestattete Toilettenpächterin jäh aus seinen Träumen reißt.

Die Allée Marcel Proust an den Champs-Élysées

Viele Buchseiten später begegnet der Leser jener Wärterin, einer »Marquise«, wieder, als die Großmutter des Erzählers von Übelkeit überrascht wird und sich in das kompakte Häuschen zurückzieht. Im Gespräch mit einem Parkwächter entfaltet die Marquise der Notdurft ihre Philosophie des Toilettengangs:

»›Und warum sollte ich mich denn zurückziehen, Monsieur? Wollen Sie mir sagen, wo ich es besser hätte als hier, größere Annehmlichkeiten und alles so bequem? Und immer ein Kommen und Gehen, immer Abwechslung; es ist das, was ich mein kleines Paris nenne; meine Kundschaft hält mich über alles, was vorgeht, auf dem laufenden‹. (...) ›Und dann‹, sagte sie, ›suche ich mir meine Kunden auch aus, ich empfange nicht jeden beliebigen hier in meinen Salons, wie ich immer sage. Sieht es nicht aus wie in einem Salon mit meinen Blumen? Ich habe sehr liebenswürdige Kunden, immer bringt mir der eine oder andere ein Zweiglein schönen Flieder, Jasmin oder sogar Rosen mit, meine Lieblingsblumen.‹«

Als die Lobrede auf das Leben einer Toilettenfrau endet, verlassen der Erzähler und seine Großmutter den schicksalhaften Ort. Das Unwohlsein der Großmutter – ein Ereignis, das Prousts Vater in ähnlicher Weise widerfuhr – erweist sich als Schlaganfall, und das folgende Kapitel, eines der großartigsten des Proustschen Romans, beschreibt die Agonie der Großmutter, die sich von ihrem Anfall in den Champs-Élysées nicht mehr erholt.

Das Toilettenhäuschen behauptet seinen Platz an der verkehrsreichen Avenue des Champs-Élysées. Prousts Rede vom »Pavillon« wirkt ein wenig übertrieben, doch die Gepflogenheiten in dem kleinen, rostigen »Chalet de nécessité« haben sich kaum geändert. Eine Stahltür ist mittler-

Das Toilettenhäuschen an den Champs-Élysées

weile eingezogen, hinter der sich Kabinen verbergen, die für den haarscharf kalkulierten Betrag von 0,41 Euro Befreiung versprechen. Ob blaues Blut in den Adern der Verwalterin dieser öffentlichen Bedürfnisregulierung fließt, darf füglich bezweifelt werden; mein letzter Kontrollbesuch hat nichts zutage gefördert, was diesen Verdacht erhärtet hätte.

Der Garten der Champs-Élysées ist ein genuiner Proust-Ort. Freundschafts- und Liebeserfahrungen machte er hier – und Erfahrungen des Leides, der Vergeblichkeit. Viele dieser realen Episoden hielten Einzug in seine Romane, mal mit bloßem Auge wiederzuerkennen, mal zum Vexierbild umgestaltet. Seit 1969 ist dieser Bezug auch für Nicht-Leser offenkundig: Seit dieser Zeit heißt der von der Place de la Concorde bis zur Avenue de Marigny führende Weg »Allée Marcel Proust«, eine rund 350 Meter lange Strecke voller Reminiszenzen, die ins Herz eines literarischen Werkes führt.

In den Champs-Élysées und im Lycée Condorcet knüpfte der junge Marcel Proust Freundschaftsbande, die zum Teil ein Leben lang hielten. Hier bemühte er sich auch mit dem Charme eines klugen und zarten Knaben, die Herzen junger Mädchen zu erobern. Die untergründige Sexualität, die in etlichen dieser zu Romanszenen gewordenen Begegnungen gärte, ist von Literaturwissenschaftlern und Psychologen ausführlich analysiert worden. Proust selbst – der Ringkampf mit Gilberte zeigte dies – scheute sich nicht, wo es ihm geboten schien, erotisch Eindeutiges in seine Texte einzubauen.

Zu verarbeiten hatte er bereits als junger Mann einiges. Die Entdeckung seiner Sexualität führte nicht nur zu theoretischen Erörterungen. In *Jean Santeuil* ist ohne Umschweife beschrieben, wie die Gymnasiasten ihre sexuelle Neugier befriedigen und den unschlüssigen Jean auffordern, sie zu Prostituierten zu begleiten: »Ein paar Tage darauf jedoch beschritt er die Schwelle des Hauses Rue Boudreau Nummer 6 mit leichtem Schritt, begleitet von Jean, der seine Aufregung zu verbergen suchte, so wie ein Rekrut einen alten Soldaten seine Furcht nicht merken lassen will.« Die Romanszene bricht an dieser Stelle ab, doch ganz aus fiktionaler Luft ist sie wohl nicht gegriffen.

Die Rue Boudreau ist auf jeden Fall nur einen Katzensprung vom Lycée Condorcet entfernt. Daß Proust in jenen Jahren versuchte, sich bei Gunstgewerblerinnen Abhilfe zu verschaffen, ist kein Geheimnis. Seine kaum zu bremsende Praxis der Selbstbefriedigung fiel im elterlichen Haus auf, und mit einer gewissen Nonchalance bemühte sich Vater Proust, das sexuelle Spektrum seines Sohnes zu erweitern und dessen auch medizinisch zu beargwöhnende Masturbation einzuschränken. Viermal am Tag der Selbstbefriedigung nachzugehen, das erschien dem Vater weder dem physischen noch dem psychischen Wohlergehen zuträglich.

Die Einwände zeitigten keinen dauerhaften Erfolg; die Versuche, sich anderweitig umzutun, schufen neue Probleme, die Marcel seinem Großvater Nathé Weil vortrug. Sein Brief vom 17. Mai 1888 ist in vielerlei Hinsicht aufschlußreich: »Ich mußte unbedingt eine Frau sehen, damit ich mit meiner schlechten Gewohnheit zu masturbieren aufhören kann, so daß Papa mir 10 Francs fürs Bordell gegeben hat, aber 1. habe ich in meiner Aufregung einen Nachttopf zerbrochen, der kostet 3 Francs, und 2. konnte ich in der derselben Aufregung nicht vögeln. Ich stehe jetzt wie zuvor da, nur daß ich noch mal 10 Francs brauche, um mich zu erleichtern, plus 3 Francs für den Topf. Aber ich wage nicht, Papa so schnell wieder um Geld zu bitten, und ich habe gehofft, daß Du mir in dieser Situation zu Hilfe kommen wirst, die – wie Du weißt – nicht nur ungewöhnlich, sondern auch einmalig ist.«

Ob Großvater Weil diese Bedrängnis nachvollziehen konnte oder nur für den im Eifer des Gefechts zerstörten Nachttopf aufkam, ist nicht überliefert. Der Brief, der von plötzlichen Erektionsproblemen handelt, sorgt(e) auf jeden Fall für Diskussionsstoff – wie Prousts Sexualität überhaupt. Praktiken diverser Art werden in der *Suche nach der verlorenen Zeit* minutiös beschrieben (siehe Kap. 14); der Erzähler selbst beschränkt sich indes auf die nicht immer tolerierten Freuden der Onanie. Was auch immer genau: Die freien Nachmittage führten den Gymnasiasten vom Boulevard Malesherbes oder vom Lycée Condorcet meist in die Champs-Élysées oder in den Parc Monceau ... und manchmal wohl auch anderswohin.

Die Kirche Sainte-Marie Madeleine

7. Sehr bekannt und mondän: die Place de la Madeleine

Während die Kirche Saint-Augustin für Proust zum Symbol der ungeliebten Seite von Paris wurde, genoß die Kirche Sainte-Marie Madeleine seine Wertschätzung. Am südlichen Ende des Boulevard Malesherbes gelegen, beherrscht sie noch heute den gleichnamigen Platz. Ihre Ausmaße – 108 Meter Länge, 43 Meter Breite und 30 Meter Höhe – lassen das auf einem Sockel stehende Gebäude nicht auf den ersten Blick als Kirche erscheinen. Saint-Saëns und Fauré spielten hier die Orgel, und jeder Proust-Leser – oder zumindest jeder, der die Schlüsselszene aus *Unterwegs zu Swann* kennt – wird beim Namen dieser Kirche unweigerlich an das Gebäck erinnert, das, in Lindenblütentee getaucht, ein unvergleichliches Aroma entwickelt, das weite Räume des Vergangenen aufschließt und die Kindheit des Erzählers zurückruft.

Die Place de la Madeleine ist auch ein Wallfahrtsort für luxuriöse Einkaufsgänge. Der Feinkosttempel Fauchon hat hier sein Stammhaus, ein Restaurant kümmert sich liebevoll um den Trüffelliebhaber, und edle Papeterien und Modeboutiquen säumen den Platz, der von den 52 wuchtigen korinthischen Säulen seiner Kirche dominiert wird. Proust war mit dieser Umgebung bestens vertraut; die bestens eingeführten Restaurants der Place de la Madeleine boten angenehme Räumlichkeiten, um alte Freunde zu treffen und neue Bekanntschaften zu schließen. Überdies versorgten sie ihn, den heiklen Esser, mit Mahlzeiten, da er es oft nicht ertrug, wenn Kochdünste durch die Wohnung zogen. An der Ecke zur Rue Royale beispielsweise lag das (1955 geschlossene) Restaurant Larue, das – so Céleste Albaret – »sehr bekannt und mondän« war. Proust orderte von dort gern einen »kleinen Topf«, ein wohlschmeckendes Gericht aus Rind- und Hühnerfleisch, von dem er zumindest einige Bissen nahm.

Prousts Eßgewohnheiten hätten jede Köchin am Sinn des Lebens zweifeln lassen, und lange bevor er sich in Célestes Obhut begab, räsonierte er darüber, ob sein Asthma nicht ursächlich mit seinem Speiseplan in Verbindung stehe. 1904, von der Rue de Courcelles (siehe Kap. 9) aus, schrieb er dem Arzt Georges Linossier einen Brief, der en détail das Proustsche Eßprogramm und Eßproblem schilderte:

»Alle vierundzwanzig Stunden nehme ich eine Mahlzeit zu mir (und nebenbei erlaube ich mir, Sie zu fragen, ob Sie im Hinblick auf die Nahrungsmenge folgende Mahlzeit für vierundzwanzig Stunden für ausreichend halten: 2 Eier à la crème, 1 ganzen gebratenen Hühnerflügel, 3 Croissants, 1 gekochtes oder gebratenes Kartoffelgericht, Weintrauben, Kaffee, 1 Flasche Bier), und das einzige, was ich während der vierundzwanzig Stunden noch zu mir nehme, ist ¼ Glas Mineralwasser vor dem Schlafengehen (neun oder zehn Stunden nach meiner Mahlzeit).«

Ungewollt komisch lesen sich – sie seien nicht ausgeklammert – jene Passagen, in denen Proust seinem Briefbeistand Intimeres schildert: »Oft – und ungenügend – gehe ich aufs WC und immer uriniere ich mehrmals. (...) Einmal ungefähr alle vierzehn Tage nehme ich während des Abendessens eine Abführpille Leprince, die mich in den folgenden vierundzwanzig Stunden sieben-, achtmal und noch mehr aufs WC gehen läßt. Solange das Abführmittel noch nicht seine Wirkung getan hat, fühle ich mich eher bedrängt, dann erleichtert, und manchmal schafft es mir von neuem etwas Beschwerden, wenn seine Wirkung zu lange anhält.« So soll das mit den Abführmitteln noch heute sein ...

Das Larue war Proust »lieb, weil viele meiner Freundschaften in diesem etwas grellen Purpur seiner Dekoration« entstanden. Im Mai 1913 soupierte er dort, nach der Uraufführung von *Le sacre du printemps*, mit Cocteau und Strawinsky, und im März 1917 wurde ihm im Larue die Prinzessin von Soutzo vorgestellt. Ihr späterer Mann, der Schriftsteller Paul Morand, beschrieb, wie sich Proust der eleganten Frau griechisch-rumänischer Abstammung näherte: »Er studierte ihren schwarzen Schal und ihren Hermelinduff wie ein Entomologe die Adern auf den Flügeln eines Leuchtkäfers.« Viele Male traf Proust danach mit Hélène de Soutzo zusammen, einer Frau, die ihn ein wenig aus seiner Zurückgezogenheit zu locken vermochte. Prousts Neigung zur Verschwendung und seine Großzügigkeit zeigten sich gerade im Larue. Trinkgelder über 200 Prozent des Rechnungsbetrags waren für ihn nichts Außergewöhnliches, und seine Lust, exquisite Speisen zu ordern, ließ sich hier ausleben. Georges de Lauris hat diesen Eindruck festgehalten:

»Ich sehe ihn vor mir, in seinem Pelzmantel, den er selbst im Frühling trug, an einem Tisch des Restaurants Larue, und ich erinnere mich an die Geste seiner schlanken Hand, wenn er darum bat, das teuerste Essen bestellen zu dürfen, den eigensüchtigen Empfehlungen des Oberkellners folgte, Champagner und ausgefallene Früchte auftischen ließ ... und dabei erklärte, die Annahme seiner Einladung sei der beste Freundschaftsbeweis.«

Im Winter 1901/02 traf sich Proust mit seinem Freund Bertrand de Fénelon im Larue – eine Szene, die er für *Guer-*

Galerie de la Madeleine

mantes aufgriff, um Robert de Saint-Loup, den Offizier, den der Erzähler in Balbec kennenlernte, zu charakterisieren:

»Er machte mir von weitem ein Zeichen, ich solle ruhig sitzen bleiben, und kam näher, aber man hätte noch einmal meinen Tisch wegrücken oder ich selbst hätte den Platz wechseln müssen, damit er sich setzen konnte. Sobald er in den großen Saal trat, schwang er sich daher auf die roten Samtbänke, die rings an der Wand entlangliefen und auf denen außer mir nur noch drei oder vier junge Mitglieder des ›Jockey‹ saßen, Bekannte von Robert, die im kleinen Saal keinen Platz mehr hatten finden können. Zwischen den Tischen liefen in einer gewissen Höhe elektrische Schnüre hindurch; ohne sich dadurch stören zu lassen, nahm Saint-Loup wie ein Turnierpferd geschickt jedes Hindernis; wenn auch verlegen, daß er das meinetwegen und nur in dem Bestreben tat, mir eine höchst einfache Bewegung zu ersparen, war ich doch von staunender Bewunderung über die Sicherheit erfüllt, mit der mein Freund diese Akrobatik ausführte; ich blieb nicht der einzige; denn wenn Patron und Kellner ihn wahrscheinlich von seiten eines weniger aristokratischen und weniger splendiden Gastes nicht so gern gesehen hätten, waren sie jetzt fasziniert wie Kenner am Wiegeplatz; ein Pikkolo stand, wie gelähmt, unbeweglich mit einer Schüssel da, auf die die Gäste auf der anderen Seite bereits warteten, und als Saint-Loup, der hinter seinen Freunden vorbei mußte, auf die Kante des Rückenpolsters stieg und sich darauf in vollkommenem Gleichgewicht weiterbewegte, wurden aus der Tiefe des Saales leise Beifallskundgebungen laut. Als er endlich bei mir angekommen war, bremste er seinen Schwung mit der Exaktheit eines Kommandeurs vor der Tribüne eines Herrschers, verneigte sich und reichte mir höflich ergeben den Vikunjamantel, den er gleich darauf, als er neben mir saß, ohne daß ich dabei eine Bewegung zu machen brauchte, als leichten warmen Umhang um meine Schultern breitete.«

An Restaurants, die – wie es einmal im Roman heißt – »im Leben jener jungen Adligen, die Geld ausgeben«, eine ebenso wichtige Rolle spielen »wie stoffgefüllte Truhen in arabischen Märchen«, mangelte es an der Place de la Madeleine nicht. Neben dem Larue, dem Durand (damals Hausnummer 2) und dem Maxim's (Rue Royale 3) verkehrte Proust zwischen 1900 und 1905 gern im Café Weber, das – bis 1961 – in der Rue Royale 21 angesiedelt war. Dort, so Fernand Gregh, tauchte er »manchmal gegen Mitternacht wie ein Gespenst auf und trug selbst im heißesten Sommer einen Mantel, dessen Kragen er mit Watte ausgepolstert hatte, die in Fetzen aus seinem Kragen hing«. Im Weber, wo Proust stets in großer Unruhe nach schillernden und anziehenden Personen Ausschau hielt, traf er sich unter anderem mit den Daudets und ihrem Kreis sowie mit Claude Debussy, der es ablehnte, Proust in seiner Wohnung aufzusuchen: »Sehen Sie, ich bin ein Rauhbauz. Es ist mir viel lieber, wenn wir uns weiter im Café Weber treffen.«

Die Wertschätzung, die Proust und seine Freunde den Lokalen um die Madeleine entgegenbrachten, wurde nicht von jedermann geteilt. Wer seine gastronomischen Prioritäten anders setzt, beurteilt die noblen Aufenthaltsorte der Politiker und der Künstler anders. Françoise, die versierte Köchin aus der *Suche nach der verlorenen Zeit*, sieht die Mode-Lokale der Jahrhundertwende mit kritischen Augen, vor allem wenn es um fachmännische Rindfleischzubereitung geht:

»›Die machen alles viel zu husch-husch‹, bemerkte sie

über die berühmten Restaurants, ›und dann nicht alles zusammen. Das Rindfleisch muß wie ein Schwamm werden, nur dann saugt es alle Brühe auf. Aber es gab da so ein Wirtshaus, wo es mir doch vorkam, als hätten sie eine Ahnung vom Kochen (...)‹ – ›Vielleicht war es Henry?‹ fragte mein Vater, der dazugekommen war und der eine große Vorliebe für das Restaurant an der Place Gaillon hatte, wohin er regelmäßig mit alten Kameraden essen ging. ›O nein!‹ wehrte Françoise mit einer Sanftmut ab, hinter der sich tiefe Nichtachtung verbarg, ›ich sprach von einem kleinen Restaurant; in dem Henry ist es sicher sehr gut, aber das ist kein Restaurant, mehr so etwas wie eine ... Suppenküche!‹ – ›Oder Weber?‹ – ›O nein, Monsieur, ich meine ein gutes Restaurant. Weber ist das in der Rue Royale, das ist kein Restaurant, mehr ein Bierlokal. Was sie einem da geben, wird ja nicht mal richtig serviert. Ich meine, sie haben nicht einmal Tischtücher dort, sondern stellen die Sachen einfach auf den Tisch, wie es gerade kommt.‹«

Selbst Restaurants mit besten Küchenchefs finden keine Gnade vor Françoises kritischem Auge. Ihre Sympathie gilt vielmehr einem Lokal, »wo es mir so vorkam, als hätten sie dort eine richtig gute, bürgerliche Küche«, und wie sich herausstellt, handelt es sich um das Café Anglais, dem die Meisterköchin Françoise zumindest eine gewisse Achtung nicht versagen mag. Es befand sich seinerzeit am Boulevard des Italiens 11, von der Place de la Madeleine in wenigen Minuten über den Boulevard de la Madeleine und den Boulevard des Capucines zu erreichen, und spielt in Prousts Roman eine wichtige Rolle. Namen von Restaurants, von Bekleidungs- und Feinkostgeschäften werden ohnehin mit großer Akribie aufgezählt und strukturieren,

Opéra Garnier

auch in soziologischer Hinsicht, mit verläßlichen Eckpunkten die überschaubare Welt der Romanfiguren. Deren Präferenzen charakterisieren sie ebenso wie ihre Garderoben, und so ist Proust darauf bedacht, sorgfältig Örtlichkeiten zu nennen, die zum Gefüge des Romans passen.

Der Weg zum Café Anglais führt vorbei an der Opéra, deren beeindruckende Fassade der Öffentlichkeit im August 1867 erstmals vorgeführt wurde. Das Ensemble, ein Meisterstück der Architektur unter Napoléon III., strahlt Reichtum und Glanz aus, wenn man vor seiner durch sieben Arkaden unterteilten Außenansicht steht oder im Inneren die prunkvollen Aufgänge vor Augen hat. Hier war Proust ein häufiger Gast, sah Shakespeare, hörte Rossini und verfolgte Vorstellungen der »Ballets russes«, und es ist ein leichtes, sich vorzustellen, wie Proust den Aufenthalt in der Oper zu musikalischen Studien nutzte und gleichzeitig das mondäne Publikum präzise ins Visier nahm. Als er sich etwa 1920 dorthin begab, geschah dies, wie er in einem Brief festhielt, um die Art und Weise zu sehen, »wie die Menschen altern«. Der Opernsaal sei ein »wunderbares Beobachtungszentrum«.

Das Café Anglais gehörte zu den beliebten Nachtlokalen und Restaurants an den großen Boulevards, die Ende des 19. Jahrhunderts unweigerlich mit Freizügigkeit und erotisch Zweideutigem verbunden waren. Aus diesem Grund wählte Proust diese für *Unterwegs zu Swann* aus, um die verzweifelte Suche Swanns nach Odette zu versinnbildlichen, nach einer Frau, die ihren Geliebten mit Unschuldsmiene hintergeht. Die nächtliche Fahrt Swanns führt ihn durch halb Paris und zuletzt zum Boulevard des Italiens (und nicht zu den Lokalitäten an der Madeleine, wie es Proust in älteren Entwürfen skizziert hatte):

Hélène de Soutzo, Foto von Paul Nadar

»Swann ließ sich zu den letzten Restaurants fahren; der bloßen Hypothese des Glücks hatte er noch mit Ruhe entgegengesehen; jetzt aber verbarg er seine Unruhe nicht länger und verhehlte auch nicht, wie großen Wert er auf diese Begegnung legte: für den Fall des Erfolges versprach er seinem Kutscher eine Belohnung, als ob er, wenn er in diesem den Wunsch erweckte, sie zu finden – ein Wunsch, der damit seinen eigenen ergänzte –, es bewirken könnte, daß Odette, selbst falls sie schon nach Hause und schlafen gegangen war, sich doch in einem der Restaurants an den Boulevards befand. Er stieß bis zur Maison Dorée vor, ging zweimal zu Tortoni hinein und kam schließlich, ohne sie getroffen zu haben, mit großen Schritten und düsterem Blick aus dem Café Anglais heraus, um zu seinem an der Ecke des Boulevard des Italiens wartenden Wagen zu gelangen, als er auf eine Person stieß, die aus der entgegengesetzten Richtung kam: es war Odette; später erzählte sie ihm, sie habe bei Prévost keinen Platz gefunden, in der Maison Dorée soupiert in einer Nische, wo er sie nicht hatte sehen können, und habe nun gerade zu ihrem Wagen gehen wollen.«

Café Anglais, Tortoni, Maison Dorée (auch Maison d'Or) – Proust hatte genau recherchiert, inwieweit diese Schauplätze Swanns Verdacht gegen seine Geliebte erhärten konnten. In einem Brief erkundigte er sich eingehend danach, ob diese Lokale (die, als *Unterwegs zu Swann* erschien, nicht mehr existierten) auch nach Mitternacht geöffnet gewesen seien und ob man dorthin eine Frau habe ausführen können, »wenn die Gaslaternen zu verlöschen begannen«. Die Maison Dorée, an der Ecke Rue Laffitte gelegen, ist der Ort, an dem Odette den Baron de Forcheville heimlich trifft, und es ist jener Ort, an dem sie zur

Feder greift und Swann einen bewegenden Liebesbrief schreibt. Er beginnt mit den Worten »Lieber Freund, meine Hand zittert so sehr, daß ich kaum zu schreiben vermag«, und wird von Swann im »gleichen Fach aufbewahrt wie die verdorrte Chrysanthemenblüte«. So ist die Maison Dorée also ein Ort, der dem von der Liebe besessenen Swann einmal Glückseligkeit beschert und ihn ein andermal in tiefste Verzweiflung stürzt.

8. Krieg und Zitroneneis: das Ritz

Von den Restaurants der Place de la Madeleine und den großen Boulevards gelangt man gleich zur Place Vendôme. Eindrucksvoll öffnet sich dieser Platz mit seiner mächtigen Säule in der Mitte, auf der in 44 Meter Höhe eine Statue Kaiser Napoléons thront. Die Arkaden und die Balustraden vor dem ersten Stockwerk der Häuser geben dem Platz die Anmut architektonischer Regelmäßigkeit und machen ihn zu einem geschlossenen, intimen Ensemble, das vor allem Nobelboutiquen und Banken beherbergt. Seit 1893 befindet sich hier, Hausnummer 26, in einem Gebäude, das zuvor der Herzogin von Castiglione gehörte, das distinguierte Geschäft des Juweliers Boucheron. Dieser reklamiert für sich, die Armbanduhr erfunden zu haben, und stattet Rachel, Schauspielerin und Mätresse mehrerer Herren in der *Suche nach der verlorenen Zeit*, mit wertvollem Schmuck aus. Direkt daneben residiert der Hemdenmacher Charvet, der die Gentlemen der Belle Époque mit dem für sie Notwendigen versorgte und auch heute recht gehobene Ansprüche zu erfüllen sucht. Proust ließ dort einkaufen, und sein Erzähler rückt »von Zeit zu Zeit den Knoten seiner prachtvollen, bei Charvet gekauften Krawatte« zurecht, als er sich aufmacht, die Swanns zu besuchen.

Die Place Vendôme – mit ihr verbindet man vor allem das Ritz, das sagenumwobene Hotel, dessen Namen ungeachtet der gesellschaftlichen Veränderungen (und der Eigentümerwechsel) für erlesene Eleganz und Übernachtungsluxus steht. Der geschwungene Schriftzug »Ritz« ziert die Bögen seiner Markisen und gibt, ohne Aufdringlichkeit, sofort zu erkennen, wo sich diese berühmte Herberge inmitten der gleichförmigen Fassaden des Platzes verbirgt. Dunkel wirkt sein Entree, läßt nur Spekulationen darüber zu, welche (Möchtegern-)Prominenz und welcher (Geld-)Adel sich diese vorübergehende Bleibe erwählt haben.

Am 1. Juni 1898 wurde das Ritz mit allem Pomp eröffnet, das erste Hotel, das über elektrisches Licht im ganzen Haus verfügte. Der Schweizer Bauernsohn César Ritz, der vom Servierer zum Hoteldirektor aufgestiegen war, hatte zusammen mit dem Architekten Charles Mewes seinen Traum eines idealen Komforthotels verwirklicht, das Jahrzehnte lang zum Anziehungspunkt für Reiche jedweder Provenienz und für Künstler wie F. Scott Fitzgerald oder Ernest Hemingway wurde.

Für Marcel Proust war das Ritz vor allem in seinen letzten Lebensjahren eines der wenigen Refugien, die er freudig aufsuchte. Nach Jahren der Abstinenz vom gesellschaftlichen Leben blühte er im Jahr 1917 wieder auf und schloß neue Freund- und Bekanntschaften, anknüpfend an die Zeit des beginnenden Jahrhunderts, als er regelmäßiger Gast in den Lokalen an der Place de la Madeleine gewesen war. »Ich gehe weiter ins Ritz so wie die Katzen, die jeden Tag um die Chaiselongue streichen, auf die sich ihre Herrin auszustrecken pflegt«, beschrieb er seine Gewohnheit in einem Brief an Hélène de Soutzo, die er oft im Ritz besuchte. Das große Hotel wurde ihm, wie sein Biograph George Painter notierte, zu »seinem zweiten Heim, zum Ersatz für die Paläste von Cabourg, Venedig und Evian, die er nie wiedersehen sollte, und für die Salons des Faubourg, deren Besucher (...) jetzt als wunderliche Gesellschaft um ihn herum dinierten«.

Zu Prousts engem Vertrauten wurde der aus dem Bas-

Der Speisesaal im Ritz, Foto von 1926

Eingang zum Hotel Ritz

kenland stammende Olivier Dabescat, der das Hotel jahrelang zusammen mit César Ritz' Frau Marie-Louise leitete. Diese unentbehrliche »Stütze« (so Proust) des Hauses hielt den wissbegierigen Romancier mit der erforderlichen Dezenz über die mondäne Welt und deren Vertreter auf dem laufenden. Dabescat richtete die Dinge stets so ein, daß der gern nach 22 Uhr dinierende Proust alles wie gewünscht antraf, und nach Dienstschluß war es nicht selten Dabescat, der Proust nach Hause begleitete.

Bereits vor dem Ersten Weltkrieg nutzte Proust das Ritz, um wichtige Gesellschaften ausrichten zu lassen. Am 1. Juli 1907 gab er zu Ehren des »Figaro«-Herausgebers Gaston Calmette ein kostspieliges Dîner, zu dem auch Anna de Noailles, Jacques-Émile Blanche und Emmanuel Bibesco geladen waren und das in einer großen musikalischen Darbietung seinen Höhepunkt fand. Allein die Vorbereitungen nahmen Proust gehörig in Anspruch; hilfesuchend wandte er sich an seine Vertraute Geneviève Straus, um die Modalitäten des Essens zu besprechen:

»Es wird im Ritz stattfinden, aber in einem Privat-Saal, und Sie verstehen, daß es nicht wie bei mir sein wird, es wird geräumiger sein, und ich kann im letzten Augenblick Gedecke hinzufügen lassen. (...) Wenn Sie eine Minute Zeit erübrigen könnten, wäre es sehr nett von Ihnen, mir zu sagen, wie ich die jeweilig Nicht-Adligen setzen soll: (die Adligen lasse ich jetzt aus) Fauré, Béraud, Calmette und Dufeuille (der letztere ist sehr ungewiß, aber schließlich, auf alle Fälle). Und dürfte ich Sie dann noch fragen, da ich einmal dabei bin, ob Sie so gut sein würden, mir ein Menü für ein großes Abendessen zusammenzustellen, mir zu sagen, was ich bestellen soll (nur solche Dinge, die Sie selbst gern mögen und die Ihnen trotzdem nicht zu schwer im Magen liegen, falls Sie zufällig doch kommen). Kennen Sie sich in Weinen aus?«

Darüber hinaus versorgte die Küche des Ritz den notleidenden Proust auch mit jenen Dingen, auf die er sich gelegentlich kaprizierte. Seine Vorliebe für eisgekühltes Bier vom Faß ist legendär und vielfach beschrieben worden, da es offenkundig schwerfällt, sich den feinnervigen Proust als Konsumenten gewöhnlichen Gerstensaftes vorzustellen. Anfänglich versorgte ihn, wie sich Céleste Albaret erinnerte, die elsässische Brauerei Lipp mit diesem Naß: »Der Schriftsteller Ramon Fernandez, der damals noch ganz jung war, hatte ihn auf die Idee gebracht, als er ihm vorschwärmte, wie frisch das Bier der Brauerei Lipp am Boulevard Saint-Germain sei. Zu Anfang – das war während des Krieges – holten wir es dort in einer Flasche, die am Zapfhahn gefüllt wurde. Ich schickte meine Schwester im Taxi hin, nachdem sie zu mir zum Boulevard Haussmann gekommen war.« Später war es das Ritz, das Proust als Bierlieferant diente; Odilon Albarets Wagen brachte dem Durstigen eine gut gekühlte Karaffe.

Auch andere Gelüste Prousts wurden umgehend befriedigt: Hin und wieder mußte Odilon zudem die Eisspezialitäten herbeischaffen, für die das Ritz weit über Paris hinaus bekannt war. Himbeer- und Erdbeereis standen ganz oben auf der Wunschliste, und was man im Haus an Köstlichkeiten dieser Art kreierte, läßt sich am besten mit einer Passage Proustscher Prosa, aus *Die Gefangene*, veranschaulichen. Albertine ist es, die spricht – und die auf furiose Weise die tieferen Bedeutungsschichten harmlos anmutender Desserts beleuchtet:

»Mein Gott, im Hotel Ritz werden Sie wohl allerdings, fürchte ich, Vendômesäulen aus Schokolade- oder Himbeereis finden, da würden wir dann freilich mehrere brauchen, damit es aussieht wie Votivgeschenke oder Pilaster in einer Ruhmesallee zu Ehren einer Göttin der Kühlung. Sie machen auch Himbeerobelisken, die von Zeit zu Zeit in der glühenden Wüste meines Durstes aufragen; ich lasse dann ihren rosigen Granit erst schmelzen, wenn sie schon tief in meine Kehle heruntergeglitten sind und mir größere Labung verschaffen als die schönsten Oasen (...). Diese Eisberge aus dem Ritz sehen manchmal wie der Monte Rosa aus, und sogar beim Zitroneneis habe ich es gar nicht ungern, wenn es kein fester Block ist, er kann ruhig zackig und zerklüftet sein wie ein Gebirge von Elstir. Das Eis muß dann gar nicht mehr ganz weiß sein, es darf etwas gelblich aussehen, damit es wie Elstirs Berge etwas von fahlem oder sogar ein bißchen schmutzigem Schnee hat. (...) Ebenso kann ich mir am Fuß meiner halben Portion von gelblichem Zitroneneis sehr gut Postillione, Reisende und Postkutschen vorstellen, über die meine Zunge Eislawinen niedergehen läßt, von denen sie alle verschlungen werden‹ (die grausame Wollust, mit der sie diese Worte aussprach, erregte meine Eifersucht). ›Ich kann auch‹; setzte sie hinzu, ›mit meinen Lippen Pfeiler für Pfeiler die venezianischen Kirchen aus Porphyr zerstören, der eigentlich Erdbeereis ist, und was ich übrig lasse, erschlägt dann die Gläubigen. Ja, alle diese Bauwerke verlassen ihr Fundament aus Stein und schlüpfen in meine Kehle, ich spüre dort förmlich ihr Schmelzen und Gleiten.‹«

Den Reizen, die die kulinarischen Genüsse aus dem Ritz boten, standen Schrecken gegenüber, die gleichfalls ihren Ausgangspunkt an der Place Vendôme hatten. Ende Juli 1917 beobachtete Proust vom Hotelbalkon aus die Luftangriffe der Deutschen auf Paris. In einem Brief an Madame

Place Vendôme

Straus hielt er die Augenblicke dieser »wunderbaren Apokalypse« fest: »Am Ende des Abends war Fliegeralarm. Ich kann Ihnen nicht sagen, ob sie zur Rechten oder zur Linken der Kassiopeia aufgetaucht sind, denn ich stellte mich auf den Balkon und blieb dort länger als eine Stunde, um diese wunderbare Apokalypse zu sehen, bei der die auf- und niedersteigenden Flugzeuge die Sternbilder ergänzten und zerstörten.«

In der *Wiedergefundenen Zeit* greift Proust diesen bewegenden Augenblick wieder auf; er scheut sich nicht, von der »Schönheit der im Dunkeln aufsteigenden Flugzeuge« zu sprechen und die Kriegsattacken als ästhetisches Phänomen zu beschreiben. Seine Romanfigur Robert de Saint-Loup steigert sich in diese Anschauung hinein und preist das »wirkliche Fest« des Angriffs:

»Ich gebe zu, daß der Augenblick sehr schön ist, in dem sie aufsteigen, in dem sie sich zu einer Art von Sternbild zusammenfügen und dabei genauen präzisen Gesetzen folgen, wie die es sind, von denen die wirklichen Sternbilder regiert werden, denn das, was dir als Schauspiel erscheint, ist der Moment, in dem die Geschwader sich formieren, Befehle ausgegeben werden und der Jagdflug beginnt usw. Aber findest du nicht auch den Augenblick am schönsten, in dem sie, schon ganz unter die Sterne versetzt, sich wieder von ihnen lösen, um auf die Jagd zu gehen oder auf das Signal der Entwarnung heimzukehren, den Augenblick, in dem sie etwas Apokalyptisches bekommen, da ja dann selbst die Sterne nicht an ihrem Platz bleiben?«

Und auch der Erzähler hat keine Scheu im Anschluß an Saint-Loups Beschwörung der kriegerischen Schönheit, den Luftangriff in seinen Richard-Wagner-Anklängen und in seiner »Beschwingtheit« zu beschreiben:

»Von unserem Balkon aus glich die Stadt einer schwarzen Masse, die plötzlich aus den Tiefen der Nacht ins Licht des Himmels rückte, wenn ein Flugzeug nach dem anderen auf den gellenden Anruf der Sirenen in die Höhe schnellte, während mit einer langsameren, aber um so tückischeren und beunruhigenderen Bewegung – denn dieser Blick ließ bereits an das noch unsichtbare und vielleicht schon sehr nahe Objekt denken, das er suchte – die Scheinwerfer unaufhörlich umhertasteten, den Feind aufspürten und mit ihrem Licht einkreisten bis zu dem Augenblick, da jäh beschwingt die Flugzeuge sich auf ihn warfen. Geschwaderweise stiegen nacheinander die Flieger aus der in den Himmel entrückten Stadt walkürengleich empor.«

Die Schönheit des nächtlichen Paris erstrahlt in der Erwartung drohender Zerstörung am hellsten. Der Erzähler in Prousts Roman hält diesen Zusammenhang lapidar fest:

»Die Nacht war ebenso schön wie 1914, als Paris ebenso bedroht gewesen war. Der Mondschein war wie mildes Magnesiumlicht, das uns erlaubte, ein letztes Mal nächtliche Bilder jener schönen Stadtansichten, der Place Vendôme, der Place de la Concorde, aufzunehmen, an denen ich in meinem Grauen vor den Granaten, die sie vielleicht zerstören würden, gerade infolge des Kontrastes zu ihrer noch intakten Schönheit besondere Fülle wahrnahm, als ob sie sich vordrängten, um ihre wehrlose Architektur den Einschlägen darzubieten.«

Das Ritz ist der Fokus dieser zwiespältigen Beobachtungen. Für Proust war das illustre Hotel einerseits Plattform, die Zerstörung von Paris zu betrachten, und andererseits war es ihm jahrelang Schauplatz von Zusammenkünften, in denen andere Zerstörungen – der Zerfall der Gesellschaft, das Altern ihrer Protagonisten – ihr Werk taten. Für

Proust-Reisende hält das Hotel eine Möglichkeit bereit, diese Erfahrungen zumindest aus zweiter Hand zu machen: in seiner Suite Marcel Proust. Mit 35 m² hat das in blau-beigen Tönen gehaltene Zimmer keine herrschaftlichen Ausmaße. Der Blick ist auf die Gärten des Inneren gerichtet, und ab 710 Euro pro Nacht darf es sich der Besucher dort bequem machen: im großen »lit double«, Badezimmer (nebst Badewanne) und separate Toilette inklusive.

45, Rue de Courcelles

9. In der Zaubergrotte: die Rue de Courcelles

Über ein Vierteljahrhundert wohnte Familie Proust am Boulevard Malesherbes, ehe sich der Hausvorstand entschloß, sein gestiegenes Ansehen auch öffentlich zu zeigen und in ein geeigneteres Umfeld zu ziehen. Im Oktober 1900, als Marcel in Venedig weilte, übersiedelte man in gesetztere Gefilde, ohne das 8. Arrondissement verlassen zu müssen, in eine Gegend, wo »große Mediziner und reiche Kranke« (Jean-Yves Tadié) wohnten. Rue de Courcelles 45, zweiter Stock, hieß die neue Adresse der Prousts, ein voluminöses Eckhaus in einer schmucklosen, ruhigen Straße an der Place du Pérou, das – 1885 erbaut – den Geist der Dritten Republik atmete. Gegenüber dem Boulevard Malesherbes, der bereits damals unter einem erheblichen Lärmaufkommen litt, verhieß sie mehr Prestige und war zudem mit einem Telefonapparat ausgestattet, was Proust nicht davon abhielt, Nachrichten weiterhin dem Depeschendienst oder Boten anzuvertrauen.

Ganz in der Nähe, Rue de Courcelles 69, wohnte Hélène Brancovan, Tochter eines rumänischen Staatspräsidenten und Witwe des Prinzen Alexandre Bibesco, mit deren Söhnen Antoine und Emmanuel Proust eng befreundet war. Sie, die auch als Pianistin brillierte, gab Saloneinladungen mit exquisiter Gästeliste, auf der Namen wie Loti, Maeterlinck, Debussy, Redon oder Bonnard standen. Zwischen den beiden Wohnungen herrschte ein reger Austausch, den die Cousine Marthe Bibesco in einem Erinnerungsbüchlein beschwor:

»Nur wenige Häuser trennten sie; man brauchte nicht

einmal die Straße zu überqueren oder zu sagen: ›Wenn ihr einmal vorbeikommt ...‹ Abend für Abend, wenn man von einem Ball, vom Theater oder von einem Abendessen in der Stadt heimkehrte, war man gewiß, Marcel Proust zu Hause anzutreffen; man brauchte nur die Treppe hinaufzugehen, zweimal zu schellen, und befand sich in der Zaubergrotte.«

Proust, der sich in diesen Jahren vor allem mit dem Werk des Kunsthistorikers John Ruskin beschäftigte, nutzte auch die neue elterliche Wohnung zu splendiden Empfängen, so etwa im Juni 1901 für eine Abendeinladung mit dem Ehrengast Anna de Noailles; die Tische schmückte Proust mit Feldblumen, die sein Gast in der Gedichtsammlung *Cœur innombrable* bedichtet hatte.

Die Gegend selbst, das Quartier Monceau, das keinen Kilometer vom Boulevard Malesherbes entfernt liegt, war Proust sehr vertraut. Schon 1892 hatte er begonnen, den Dienstagabend im Salon der Künstlerin Madeleine Lemaire zu verbringen; kurz darauf machte er dort die Bekanntschaft Robert de Montesquious. Madame Lemaires winziges Atelier befand sich in der Rue de Monceau 31; in einem Essay hat Proust die Atmosphäre dieser Empfänge verewigt:

»Wo die Rue Monceau sich der Rue de Courcelles nähert, wird dem Auge angenehm geschmeichelt und der Verkehr ziemlich erschwert durch eine Art kleines Palais, von wenig hohen Ausmaßen, das in Mißachtung aller Regeln des Straßenbauamts sich anderthalb Fuß über das Trottoir der Straße vorschiebt und dies kaum breit genug läßt, damit man dort den recht zahlreichen Wagen ausweichen kann (...). Trotz der geringen Ausmaße des Palais, das aus einem Gebäude mit zwei Stockwerken, unmittelbar auf

45, Rue de Courcelles. Grundriß der Wohnung

Vater Adrien Proust mit Bruder Robert auf dem Balkon in der Rue de Courcelles

die Straße gehend, und einer großen verglasten Halle besteht, zwischen baumartig wachsendem Flieder gelegen, der schon im April so balsamisch duftet, daß die Passanten stehenbleiben, spürt man sofort, daß die Eigentümerin eine jener seltsam mächtigen Personen sein muß, vor deren Launen oder Bräuchen alle Mächte sich beugen.«

Herzöge, Botschafter, Grafen, Schriftsteller, Komponisten – sie alle waren Gast bei Madame Lemaire, die es verstand, ihre »Maiendiensttage« mit besonderer Aura zu versehen. Prousts schwärmerischer Bericht, den er zuerst unter Pseudonym veröffentlichte, findet kaum genügend Attribute, um diesem Salon gerecht zu werden:

»Wie denken an jene Soireen im Atelier ein wenig als an unsere duftenden, jetzt entflohenen Frühlinge. Wie eben das Leben seine Reize mischte, kamen wir oft in Eile zu den Soireen im Atelier, vielleicht nicht nur um der Bilder, die wir dort sehen, und der Musik, die wir dort hören sollten, willen. Wir beeilten uns in der erstickenden Ruhe jener hellen Abende und manchmal unter den leichten und lauen Sommerschauern, die, unter die Wassertropfen gemischt, Blütenblätter regnen lassen. In diesem Atelier voller Erinnerungen waren wir zunächst hingerissen von jenem Zauber, dessen trügerische Illusion und Unwirklichkeit die Zeit allmählich aufgedeckt und aufgelöst hat.«

Als Malerin widmete sich Madeleine Lemaire vor allem den Pflanzen. Einem Bonmot von Alexandre Dumas fils zufolge stand sie als Rosenproduzentin dem himmlischen Vater kaum nach. Die Illustrationen – keineswegs nur Blumenmotive! –, die sie Prousts Erstlingswerk *Freuden und Tage* beigab, verhinderten den eklatant schwachen Verkauf des Buches nicht, ja trugen wohl sogar dazu bei, den Autor als hoffnungslosen Snob abzustempeln.

Während seiner Militärzeit war Proust sonntags regelmäßiger Gast in der nahegelegenen Avenue Hoche 12, wo Madame Arman de Cavaillet zum politisch-literarisch ausgerichteten Salon lud. Der Schriftsteller (und spätere Nobelpreisträger) Anatole France hatte die Gastgeberin zu seiner Geliebten gemacht, und die oft über hundert Besucher hatten beim Eintritt in den Salon den Eindruck, sich in einer Bahnhofshalle zu befinden, als dessen Vorsteher Anatole France fungierte. Der gehörnte Ehemann Albert, beim »Figaro« für die Segelrubrik zuständig, machte gute Miene zum merkwürdigen Spiel, was den Salongästen wiederum Anlaß zu manch süffisanter Bemerkung gab.

Mit Gaston, dem Sohn des Hauses, pflegte Proust eine innige Freundschaft. Dessen spätere Frau Jeanne Pouquet machte Proust hartnäckig den Hof; er bezeichnete sie später als »zweite große Leidenschaft« seiner Jugend. Ein Photo, das Proust in lächerlicher Pose auf dem Tennisplatz in Neuilly zeigt, hält einen Moment der Adoration fest: »Sie sahen sich in den Champs-Élysées und beim Tennis. Es gibt ein berühmtes Photo, das oft abgebildet wurde und Monsieur Proust in der Gruppe stehend zeigt, wie er auf einem Tennisschläger Gitarre zu spielen scheint, während sie wie eine Königin auf einem Gartenstuhl steht.« (Céleste Albaret) Wer weder mit der Gitarre noch mit dem Tennisschläger professionell umzugehen weiß, sollte sich nicht zum Photo-Narren machen – auch wenn eine Frau dies fordert.

Salons spielten in Prousts Leben und nicht zuletzt in seinem Werk eine zentrale Rolle. Hartnäckig hatte Proust in jungen Jahren versucht, sich gesellschaftlich »hochzuarbeiten« und Kontakt zu Kreisen herzustellen, die selbst dem Sprößling eines renommierten Elitemediziners normaler-

*Marcel Proust, mit Gitarre, Jeanne Pouquet
zu Füßen knieend*

Madeleine Lemaire, Foto von Paul Nadar

weise verschlossen waren. Proust spann ein Netz sozialer Beziehungen, die es ihm erlauben sollten, Schritt für Schritt zu den Rencontres des Hochadels vorzudringen. Oft waren es angesehene Künstler, über die er sich Einlaß verschaffte, und dieser Drang nach gesellschaftlichen Auftritten brachte ihm den Ruf ein, dem Snobismus gedankenlos zu huldigen und dem Adel hörig zu sein.

In der Tat dauerte es seine Zeit, bis aus dem begierigen Salongänger ein klarsichtiger Kritiker dieser Gesellschaftsform und ein spitzer Kommentator konventioneller Hohlformeln wurde. In der *Suche nach der verlorenen Zeit* nehmen Salonszenen breiten Raum ein, und eine Pointe des Romanzyklus liegt darin, daß in seinen Schlußteilen das normierte hierarchische Kastensystem zusammenbricht und gesellschaftliche Kreise miteinander verkehren, die zuvor keine Schnittmenge bildeten.

Wo die Welt des Adels, die Salons der Guermantes und Villeparisis im Roman anzusiedeln sind, läßt sich nicht leicht beantworten. (Ebenso uneindeutig ist es übrigens, wo Prousts Ich-Erzähler wohnt; vieles spricht für die Gegend um den Boulevard Malesherbes, doch die Spuren verwischen sich immer wieder.) Die Zentren des Faubourg Saint-Germain am linken Seineufer werden mehrfach genannt – Quai Malaquais, Rue de Tournon, Rue de la Chaise oder Rue Garancière –, und viele Abkömmlinge des Hochadels residieren selbstverständlich hier auf der »rive gauche«. Dennoch legt Proust die Topographie seiner Erzählung nicht so an, daß eine in allen Details stimmige Zuordnung möglich wäre. Das Hôtel des Guermantes befindet sich wohl, obschon etliche Indizien auf den Faubourg Saint-Germain hindeuten, auf der anderen Seite der Seine, im Faubourg Saint-Honoré. Der Faubourg Saint-Germain ist für Proust, wie es André Ferré formulierte, »eher eine soziale Einheit denn eine topographische Realität«; Proust geht es vor allem darum, zu beschreiben, wie sich soziale Zusammenhänge verschieben und wie sich ihre Bedeutung verändert.

Zweifelsfrei im Faubourg Saint-Germain befindet sich die Rue de Bellechasse, die am Verteidigungsministerium vom Boulevard Saint-Germain abzweigt. Im Haus 31 lebte von 1885 bis 1897 Familie Daudet. Mit den Söhnen Léon und Lucien freundete sich Proust rasch an, nachdem er 1894 erstmals zum Daudetschen Salon geladen worden war; mit dem sieben Jahre jüngeren Lucien verband ihn eine heftige amouröse Leidenschaft. Der Hausvorstand Alphonse Daudet genoß seit der Veröffentlichung seiner Erzählungen *Briefe aus meiner Mühle* (1869) großes literarisches Ansehen. Proust gedachte seiner in Zeitungsaufsätzen, die den in seinen letzten Lebensjahren stark leidenden Dichter zu einer nachgerade überirdischen Gestalt stilisierten:

»Deswegen wallfahre ich oft, und ich glaube, daß jeder Mensch Freude und geistigen Nutzen daraus hätte, oft hinzugehen, in die Rue de Bellechasse, zu diesem zarten und erhabenen Kunstwerk, das Monsieur Daudet ist, darin die Natur in einer weitaus expressiveren und lebendigeren Sprache als der unseren durch Pupillen, durchsichtiger als unser Stil, tiefer als unsere Gedanken, durch eine Haut, schöner gefärbt als unsere Bilder, und durch das rauhe Vokabular der vom Leiden zerknitterten und von Tatkraft wieder gestrafften Muskeln uns mit dem ganzen allmächtigen Sinn des Schmerzes, der Schönheit, des Willens und des Geistes berauscht.«

Am Haus hebt eine Tafel die innige Beziehung zu den

Daudets hervor, festgehalten in einem Satz, der von Prousts geliebten Örtlichkeiten handelt: »Ich kenne keine, die so erfüllt ist von Vergangenheit und Gedanken und die durch die Erinnerung so inniglich geweiht ist wie die Rue de Bellechasse 31.« Diese mit so angenehmen Erinnerungen verbundene Straße kehrt auch in *Unterwegs zu Swann* wieder: Großonkel Adolphe wohnt in einem »kleinen Appartement in der Rue de Bellechasse«, wohin Swann eilt, als er in seinen wieder einmal verfahrenen Liebesdingen nicht weiter weiß.

Zurück ins Quartier Monceau: Von Madame Arman de Caillavets (ein nicht ganz rechtmäßig geführter Adelstitel übrigens) Salon in der Avenue Hoche 12 gelangt man in wenigen Minuten zum Parc Monceau, vorbei am Haus, in dem der französische Diplomat Gabriel Hanotaux wohnte, der – unter seinem wirklichen Namen – als Figur in *Jean Santeuil* aufscheint und der seine schützende Hand über Proust hielt, als dieser seinem Dienst in der Bibliothèque Mazarine meist nicht nachkam. Eine Photographie zeigt Proust vor dem prachtvollen Eingangsgitter des Parc Monceau mit der von ihm umschwärmten Antoinette Faure. Diese, Tochter des späteren Staatspräsidenten Félix Faure, war es übrigens, die dem dreizehnjährigen Proust den vielzitierten »Fragebogen« zur Beantwortung vorlegte und so, in einer Art Bekenntnisspiel, Aufschluß über sein Inneres erlangen wollte. Als seine »idea of happiness« nannte Proust seinerzeit: »All die um mich zu haben, die ich liebe, dazu den Zauber der Natur, eine Menge Bücher und Partituren, nicht fern von einem französischen Theater«. Im Laufe der Jahre gewann dieser kleine Fragebogen an Wert: Im Mai 2003 wurde er im Pariser Hotel Drouot zum stattlichen Preis von 120.000 Euro versteigert und gehört nun

Eingangsgitter am Parc Monceau

dem Modehausbesitzer Gérard Darel, der für die »extreme Sensibilität der Kleiderbeschreibungen« in Prousts Œuvre schwärmt.

Der Parc Monceau ist eine der verspieltesten Anlagen in Paris. Ende des 18. Jahrhunderts ließ sich der Herzog von Chartres nicht davon abbringen, hier einen neuen Garten im anglo-chinesischen Stil anzulegen – mit allerhand Merkwürdigkeiten wie einem Minarett, türkischen Zelten, einer holländischen Windmühle, einem weißen Marmortempel und einer Naumachie. Ein »Land der Illusionen« sollte Wirklichkeit werden. Im 19. Jahrhundert wurde die Fläche des Parks erheblich verringert und von Jean-Charles Alphand neu gestaltet.

Einen eigentümlichen Charakter hat sich der 1861 eingeweihte Park bewahrt: Eine Rotunde begrüßt die Besucher am Nordeingang, und dem Architekten Gabriel Davioud, der auch in den Anlagen der Champs-Élysées und der Buttes-Chaumont wirkte, verdanken sich die prachtvollen Eingangsgitter und die kleine Brücke »à l'italienne«, die über den Wasserlauf führt. Proust kam als Kind hierher, und wer heute auf den Kieswegen diesen »sentimentalen Garten« durchschreitet und sich auf eine Bank an der Naumachie setzt, kann immer noch wohlbehütete Bürgerkinder beobachten, die ein wenig gelangweilt Spazierrunden drehen.

Lange konnte Familie Proust das Leben in der neuen Wohnung nicht genießen. Gerade einmal drei Jahre durfte sich Adrien Proust an seinem Status erfreuen, bis ihn eine Gehirnblutung ereilte. Am 26. November 1903, einen Tag nach der Geburt seiner Enkeltochter Suzy, starb er im Alter von neunundsechzig Jahren. Knapp zwei Jahre später verlor Proust seine Mutter. Im September 1905 traten bei ihr, die ohnehin seit Jahren kränkelte, während eines Aufenthaltes in Évian schwere Symptome einer Nierenentzündung auf, die zur sofortigen Rückkehr nach Paris zwangen.

Madame Proust erholte sich davon nicht mehr und starb am 26. September im Alter von sechsundfünfzig Jahren – ein Schock, der ihren Sohn bis ins Mark traf. Die Beziehung zu seiner Mutter, die vielfältigsten literarischen Niederschlag fand, war so innig gewesen, daß der Verlust kaum erträglich schien. »Mein Leben hat künftig sein einziges Ziel verloren, seine einzige Süße, seine einzige Liebe, seinen einzigen Trost. Ich habe sie verloren, deren unaufhörliche Aufmerksamkeit mir in Frieden und in Zärtlichkeit den einzigen Honig meines Lebens brachte«, klagte Proust in einem Brief und sah sich einen Monat lang außerstande, das Bett zu verlassen.

Das Grab der Prousts befindet sich auf dem berühmtesten Friedhof von Paris, dem weitläufigen Père-Lachaise im 20. Arrondissement. Adrien Proust wurde im Beisein hoher akademischer Würdenträger beigesetzt; der Leichenzug zu Ehren von Jeanne Proust machte sich am 28. September 1905 zum Père-Lachaise auf. Ihr Sarg war, wie Augenzeugen berichteten, unter der Vielzahl von Kränzen und Gestecken kaum zu erkennen. Lange Zeit zierte die Grabstätte ein von Marie Nordlinger angefertigtes Rundbild Adrien Prousts, das 1966 entfernt und am Geburtshaus des Vaters in Illiers-Combray angebracht wurde.

Die Familiengruft der Prousts ist nicht leicht zu finden: Eine schlichte schwarze Marmorplatte in dritter Reihe der 85. Abteilung. Die Eltern liegen dort, Bruder Robert mit seiner Frau – und Marcel. Die Inschrift auf seiner Grabplatte weist nicht mehr als seine Lebensdaten 1871-1922 auf. Auch wenn das Grab kein Pilgerplatz wie Jim Morri-

Jeanne Proust, Marcels Mutter.
Foto von Paul Nadar

sons oder Edith Piafs Ruhestätten ist, zieht es nachdenkliche Besucher an, die scheu vor der Grabplatte verharren und eine Rose oder einen Margeritenstrauß niederlegen.

Marcel Prousts Beisetzung fand am 22. November 1922 statt. »Was für eine schöne Beerdigung!« befand Maurice Barrès, sich an die von zahllosen Parisern besuchte Beisetzung erinnernd. Zu den Klängen von Ravels *Pavane pour une infante défunte* erwies man einem Autor die letzte Ehre, dessen Bedeutung manchem erst in den Momenten der Beerdigung deutlich wurde: »Und ein paar Kritiker, die Proust gegenüber leichte Bedenken geäußert hatten, fühlten sich nun im Strom der Orgel und der Geigen ganz verzweifelt.« (Maurice Martin du Gard)

Nicht weit entfernt vom Proustschen Familiengrab, in derselben Division, ruht Reynaldo Hahn, den Proust 1894 in der Rue de Monceau bei Madame Lemaire kennenlernte und mit dem ihn eine leidenschaftliche Zuneigung und dauerhafte Freundschaft verband. Hahn, ein zu Lebzeiten angesehener Komponist, Musikkritiker und Theaterdirektor, starb 1947 in seinem Haus im 8. Arrondissement, genauer: in der kleinen Rue Greffulhe, Nummer 7, zwischen Rue de l'Arcade und Rue Tronchet. Eine auffällige Plakette zeigt das markante Profil des in Venezuela geborenen Musikers und erinnert daran, daß er, 1945 nach Paris zurückgekehrt, zuletzt der Opéra vorstand.

Zurück zu Marcel Proust, in das furchtbare Jahr 1905, als der Tod seiner Mutter ihn zwang, auf eigenen Beinen zu stehen. Die Wohnung in der Rue de Courcelles war zu groß für einen Junggesellen, und so galt es, nachdem ihn die Trauer über den Tod der Mutter nicht mehr handlungsunfähig machte, nach einer passenden Unterkunft Ausschau zu halten.

102, Boulevard Haussmann

10. Im korkgeschützten Winkel: der Boulevard Haussmann

Am längsten hat Proust am Boulevard Malesherbes gelebt; indes, die Wohnung, die die Nachwelt mit ihm am stärksten verbindet, liegt am Boulevard Haussmann, gleichfalls im 8. Arrondissement – dort, wo Proust, nachdem er sich mehr und mehr den gesellschaftlichen Verpflichtungen entzogen hatte, die Arbeit an seinem Roman entschlossen vorantrieb und weite Teile fertigstellte. Der Mietvertrag in der Rue de Courcelles lief erst im September 1906 aus, so daß nach dem Tod der geliebten »Maman« ausreichend Zeit blieb, sich auf dem Wohnungsmarkt umzusehen. Auch finanziell mußte Proust keine Rücksichten nehmen: Spätestens nachdem 1896 sowohl sein Onkel Louis Weil als auch sein Großvater Nathé Weil gestorben waren, stand seine Mutter als sehr reiche Frau da. Allein das Erbe, das ihr nach dem Tod des Vaters zufiel, belief sich umgerechnet auf rund 1,3 Mio. Euro, und als ihr Erbe im Herbst 1905 unter den Söhnen Robert und Marcel aufgeteilt wurde, waren diese mit einemmal Mehrfachmillionäre, die sich, zumindest in diesen Jahren, finanziell völlig abgesichert fühlen durften.

Geld erleichtert die Wohnungssuche und erlaubt es, dies und jenes in Erwägung zu ziehen, doch für einen Mieter, der wie Proust Wohnungen erst einmal als katastrophale Anhäufung von Mißliebigkeiten sieht, ist es nicht leicht, eine adäquate Bleibe zu finden. »Nicht staubig, nicht laut«, mußte diese beispielsweise sein, wie er seinem Freund Georges de Lauris schrieb, als er in der Rue de Berri, unweit der Champs-Élysées, etwas in Aussicht hatte. Und nicht zuletzt mußte Proust eine Wohnung finden, die der Tatsache Rechnung trug, daß er erstmals auf sich gestellt war, er ohne seine Mutter zu leben hatte. Zahllose Unterkünfte sah er sich an oder ließ sie von Freunden besichtigen; nichts erschien dem zaudernden Wohnungssuchenden passend. Ein glücklicher Umstand führte schließlich dazu, daß sich Ende 1906 eine Lösung fand, die ein Verbindungsglied zur Vergangenheit aufwies – eine Lösung, die, bei Lichte besehen, keine der Proustschen Anforderungen an eine Wohnung erfüllte.

Seit dem Tod seines Onkels Louis war Proust Mitbesitzer des Hauses Boulevard Haussmann 102. In die sechs Zimmer umfassende Wohnung im ersten Stock, wo Proust zusammen mit seiner Mutter des öfteren zu Besuch gewesen war, zog er schließlich – auch wenn dies paradox klingt – als Untermieter ein. »Ich konnte mich nicht entschließen, übergangslos in ein Haus zu ziehen, das Maman nicht gekannt hätte«, schrieb Proust an Marie-Marguerite Catusse, die mit seiner Mutter gut befreundet gewesen war. Aufwendige Renovierungsarbeiten zögerten den Einzug hinaus; mehrere Monate lang wohnte Proust im Hôtel des Réservoirs in Versailles, ehe er kurz vor dem Jahreswechsel 1906/07 in das alles andere als ruhig gelegene Haus am Boulevard Haussmann einziehen konnte. Die Umsicht seines Bruders Robert, der die Wohnungsauflösung in der Rue de Courcelles übernommen und Marcel freie Hand bei der Wahl ihm wichtiger Möbelstücke gelassen hatte, erleichterte die Modalitäten des verhaßten Umzugs und half dabei, die »verlorene Heimat« ansatzweise wiedererstehen zu lassen.

Ein emotionales Band zur toten Mutter war, wie erwähnt, durch die neue Bleibe gefunden; zudem erinnerte die Straße Proust an den Salon von Geneviève und Émile Straus, die von 1886 bis 1898 im Boulevard Haussmann 122 gewohnt hatten. Mit Jacques, dem aus Madame Straus' Ehe mit dem Komponisten Georges Bizet stammenden Sohn, war Proust aufs Gymnasium gegangen; mit ihm währte die Verbindung bis zu Prousts Tod.

Trotz dieser angenehmen Reminiszenzen bot die neue Behausung ständig Anlaß zu wortreicher Klage. Die Nähe zur Gare Saint-Lazare und zu den großen Kaufhäusern am ohnehin rege frequentierten Boulevard schufen einen Lärm- und Staubpegel, der Proust permanent peinigte. Zudem ließen es sich die Hausgenossen ärgerlicherweise nicht nehmen, umfangreiche Umbauarbeiten in ihren eigenen vier Wänden vorzunehmen. Als eine Nachbarin daraus eine Dauerbeschäftigung zu machen schien, ließ Proust seiner Wut brieflich freien Lauf: »Die zwölf Arbeiter, die hier seit langen Monaten so frenetisch dreinhauen, müssen irgendetwas genauso Majestätisches errichtet haben wie die Cheops-Pyramide, welche die Leute, die aus ihren Häusern treten, mit Verwunderung zwischen dem Kaufhaus Le Printemps und der Kirche Saint-Augustin erblicken müssen. Ich selbst sehe es nicht, aber ich höre es.«

Damit nicht genug, im Januar 1910 kündigte sich neue, überraschende Unbill an: Die Seine trat in ungekanntem Ausmaß über die Ufer und schien sogar den Boulevard Haussmann zu bedrohen. »Ich werde schließlich sicher noch ertrinken«, notierte Proust sarkastisch, und gegenüber Robert de Montesquiou hielt er die unausweichlichen Konsequenzen dieses Ereignisses fest:

»Die Überschwemmung hat nicht enden wollende Arbeiten zur Folge gehabt, wie z. B. die Wiederinstandsetzung

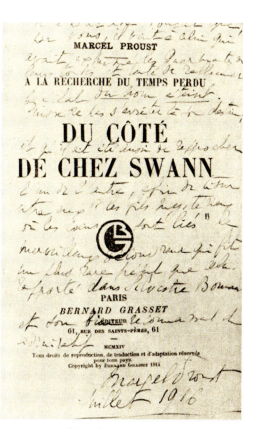

Titelblatt der Erstausgabe von
»Du côté de chez Swann« mit Widmung

Céleste Albaret

der Keller, der Hauskanalisation, und da es jetzt abgetrocknet ist, werden morgen, Montag, die Hauptarbeiten beginnen. Diese Hammerschläge erforderten täglich aufs neue Veronal, Opium usw., und da ich Eiweiß ausscheide, bringt das tausendfältige Übel mit sich.«

Hier im Boulevard Haussmann begann – endlich – das literarische Werk zu reifen. Proust machte sich, obschon gesundheitlich so stark angegriffen, daß er jährlich bis zu 6000 Francs (umgerechnet etwa 20 000 Euro) für Medikamente ausgab, an den Essay *Gegen Sainte-Beuve* und arbeitete fortan kontinuierlich an der *Suche nach der verlorenen Zeit*, deren erster Band, auf Kosten des Autors, 1913 im Verlag Grasset erschien – nachdem andere Häuser eine Publikation dieses auf den ersten Blick inkommensurablen Werkes abgelehnt hatten.

Seine Lebens- und Arbeitsbedingungen folgten festgefügten Ritualen. Céleste Albaret, »das schöne Frauenzimmer, das ich als Haushälterin habe«, trat 1913 als 22-jährige in Prousts Dienste und wurde ihm eine treu ergebene, unentbehrliche Begleiterin, die auf eigene Bedürfnisse nicht achtete und trotz ihrer Jugend als Ersatzmutter fungierte. Sie kannte die Vorlieben und Abneigungen ihres »Maître« bis ins Kleinste und glich sie aus. Bis zu Prousts Tod 1922 war sie an seiner Seite und ließ sich danach fünfzig Jahre Zeit, bis sie – um falschen Darstellungen anderer entgegenzutreten – ihre Memoiren herausbrachte. Deutschen Proust-Lesern ist sie nicht nur durch dieses ungemein sympathische Buch vertraut, sondern auch durch Percy Adlons Film *Céleste* (1981), der aus dem Blickwinkel der (von Eva Mattes gespielten) Haushälterin in großer filmischer Ruhe das konzentrierte Miteinanderumgehen von Céleste und Marcel einfängt und zeigt, wie wichtig Gewohnheit und Ritual für letzteren wurden, um sein Werk dem Abschluß nahezubringen.

1910 veränderte sich Prousts Zimmer auf entscheidende Weise: Auf Anraten seiner Freundin Anna de Noailles ließ er die Wände mit Kork ausschlagen, um eine zusätzliche Lärmdämmung zu schaffen – die Isolierstation eines Schriftstellers war somit ausgestattet, die inneren Reisen in seinem Laboratorium konnten fortgeführt werden. Die ursprüngliche Absicht, die Korkplatten zu tapezieren, wurde nie realisiert. Wie sah es aus, dieses vielleicht berühmteste Schriftstellerzimmer der Literaturgeschichte? Niemand anderes als Céleste Albaret ist berufen, diesen Raum vorzustellen:

»Ich habe schon gesagt, daß es sehr groß und sehr hoch war, vier Meter etwa; es hatte zwei Fenster, ebenfalls groß, doppelt verglast und immer hermetisch verschlossen, wenn er da war. Auch die Gardinen und Vorhänge aus blauem Satin, mit Molton gefüttert, waren stets zugezogen. (...)

Wenn man hereinkam, fiel einem, abgesehen von den Korkplatten, vor allem die blaue Farbe auf. Genau gesagt, das Blau der Vorhänge. Es wiederholte sich in einem großen Kronleuchter, einer Art Kelch, der in einer Spitze auslief und dessen Birnen mit mehreren Schaltern angeknipst wurden, was aber nie geschah, außer wenn ein Gast da war oder ich in Monsieur Prousts Abwesenheit das Zimmer saubermachte. Auf dem Kamin mit seiner Verkleidung aus weißem Marmor standen noch zwei Kandelaber mit blauen Glaskugeln, passend zu einer Bronze-Stutzuhr zwischen ihnen. Die Kandelaber wurden auch nie angezündet. Die einzige Lichtquelle war die kleine Nachttischlampe mit einem ziemlich hohen Fuß – ähnlich wie einer Schreib-

Das Proust-Zimmer im Musée Carnavalet

tischlampe –, damit er für seine Arbeit im Bett Licht hatte, das Gesicht aber im Schatten blieb. (...)

Frappierend war der Gegensatz zwischen all den großen Möbelstücken mit ihren vergoldeten Bronzebeschlägen und den anderen Möbeln, die in dem Winkel zwischen seiner Wand und der Kaminwand seine Ecke bildeten. Abgesehen von einem sehr schönen, fünfteiligen Paravent mit chinesischen Motiven hinter dem Kopfende des Bettes war alles einfach. Erstens das Bett aus Messingstangen, die trübe geworden waren durch den Niederschlag des Räucherpulvers Legras. Dann seine drei Tische, in Reichweite aufgestellt. Einer aus geschnitztem Bambus mit zwei Tischplatten, auf dem er einen Haufen Bücher liegen hatte und auf den die Wärmeflaschen kamen. Ständig lag dort ein Stoß Taschentücher. Dann war da noch ein altmodischer Nachttisch aus Palisander mit Tischklappen, auf dem immer die Sachen für seine Arbeit lagen – seine Manuskripte, seine Notizbücher, sein Schüler-Tintenfaß, seine Federhalter, seine Uhr, die Nachttischlampe und später mehrere Brillen. Schließlich ein dritter Tisch aus Nussbaum für sein Kaffeetablett oder das Evian-Wasser und den Lindenblütentee für die Nacht. Und all das war, wie gesagt, sehr bescheiden und klein – fast wie ein geschützter Winkel in diesem riesigen Zimmer und im Vergleich zu den riesigen Ausmaßen des übrigen Mobiliars.«

1916 empfing Proust in seinen Räumen ungewöhnliche Gäste. Um die Musik seines Zeitgenossen César Franck ungestört in sich aufnehmen zu können, lud er das renommierte Poulet-Quartett zu sich nach Hause ein – ein Vergnügen, das immerhin 250 Francs damaliger Währung kostete: »Ich gab die letzten Sous eines ruinierten Mannes, um ein Quartett kommen zu lassen, das ganz allein für mich in meinem Zimmer spielte.« Céleste Albaret, die sich bei der Datierung dieses außergewöhnlichen Privatkonzertes wohl irrt, erinnert sich so an den Ablauf dieses Abends:

»Sie sind gegen ein Uhr morgens eingetroffen; Monsieur Proust hat sich auf die Chaiselongue gelegt, während sie ihre Noten und Instrumente vorbereiteten und ich sorgsam die Vorhänge zuzog. Danach bin ich hinausgegangen, alle Türen waren verschlossen, und ich bin in der Diele geblieben, um erreichbar zu sein, falls Monsieur Proust mich brauchte. Sie haben das Quartett gespielt, er hat zugehört, die ganze Zeit liegend und mit geschlossenen Augen – ich weiß es, denn ich habe es in einem bestimmten Augenblick gesehen.«

Proust war sich des Spektakulären dieses Privatkonzerts durchaus bewußt – und, wie gesagt, auch der Kosten: »Es ist eine große Ausgabe, Céleste, und welch ein Umstand, und welche Anstrengung! Aber es mußte sein. Ich brauchte es.« Gaston Poulet, der sich zu diesem außergewöhnlichen Gastspiel bereit fand, beschrieb Proust als einen angenehmen Zuhörer: »einfach, direkt, ohne päpstliche Allüren, ein Mann, der die Musik in sich aufnahm, ohne Fragen zu stellen«. Vier Taxen brachten die Musiker nach getaner Arbeit wieder nach Hause.

Proust hatte sich mehr schlecht als recht mit seinen Wohnverhältnissen abgefunden, als ihn im Januar 1919 ein Schlag ereilte, der ihn gänzlich aus der Fassung brachte. Ohne ihn vorher zu konsultieren, hatte seine Tante Amélie das Haus Boulevard Haussmann 102 an ihren Bankier Varin-Bernier veräußert. Dieser begann umgehend mit Umbauarbeiten, die Proust dazu zwangen, sich nach über zwölf Jahren neu zu orientieren. Der Verlust dieser Wohnung in einem Haus, an das ihn längst die Macht der Gewohnheit gekettet hatte und das Proust – wäre seine Tante mit ihren Absichten an ihn herangetreten – selbst gekauft hätte, stürzte ihn in größte psychische Not. »Für ihn hat der Tod mit unserem Auszug aus der Wohnung am Boulevard Haussmann begonnen, der wirklich ein seelisches Herausreißen war«, beschrieb Céleste Albaret diesen Einschnitt.

Am Boulevard Haussmann ist seit Mitte der 1980er Jahre eine Erinnerungstafel angebracht, mit der der Besitzer, die Société nancéienne Varin-Bernier, (wenn auch nicht mit ganz korrekten Daten) auf seinen illustren Vormieter aufmerksam macht. 1996 weihte das sich seines Mäzenatentums rühmende Bankhaus einen »Salon de Marcel Proust« ein, der jeden Donnerstag von 14 bis 16 Uhr zur Besichtigung offensteht. Was man dort sehen kann, hat freilich wenig mit der Atmosphäre und den Bedingungen zu tun, die zwischen 1906 und 1919, zu Prousts Zeit, in diesem Haus herrschten.

Wer einen authentischeren Eindruck bekommen möchte, muß sich auf den Weg ins Marais-Viertel machen, in die Rue de Sévigné, wo sich nahe der Place des Vosges das Musée Carnavalet befindet. Dieses mit einzigartigen Zeugnissen zur Pariser Stadtgeschichte bestückte Museum (Öffnungszeiten: 10 bis 18 Uhr außer an Sonn- und Feiertagen; mit einer Buchhandlung, die zahlreiche Proustiana anbietet) hat einige Zimmer bedeutender Literaten nachgebaut und zum Teil mit Originalmobiliar versehen. Anna de Noailles und Valery Larbaud fanden hier Gedenkräume, und zwischen Gemälden, die Zeitgenossen Prousts (wie Anatole France, porträtiert von Eugène Carrière) oder Stadtansichten (wie Henri Gervex' *Armenonville, am Abend des Großen Preises*) zeigen, öffnet sich auch eine Nische mit

Marcel Prousts korkbeschichtetem Zimmer, das Möbelstücke aus dem Boulevard Haussmann aufbewahrt: das schmale Kupferbett, zwei Sessel, ein kleiner Nachttisch mit Tintenfaß, Notizheften, Kandelaber, ein Gemälde Louise Brouarels, das Prousts Vater zeigt, Jade, die Anna de Noailles ihm schenkte – ein tröstlicher Anblick, der ein klein wenig proustischer Atmosphäre einfängt.

11. Unter lichterfülltem Laub: die Tuilerien

Die Schreckensnachricht vom Verkauf des Hauses Boulevard Haussmann stürzte Proust in Verzweiflung und ließ ihn sogar mit dem Gedanken spielen, zu Marie-Marguerite Catusse, einer guten Freundin seiner Mutter, nach Nizza zu ziehen – eine Vorstellung, die für Proust-Leser schwer nachvollziehbar ist. Wieder einmal sah sich Proust, mit Céleste Albarets pragmatischer Unterstützung, genötigt, das Für und Wider Pariser Wohnlagen abzuwägen und eine Entscheidung zu fällen. Im Mai 1919 bot sich ihm die Chance, in der Rue de Rivoli Wohnung zu nehmen – was zumindest die Möglichkeit geboten hätte, dem lebenswichtigen Hotel Ritz nahe zu sein. Und auch zu den Orten der Kindheit und Jugend, zu den Champs-Élysées-Anlagen oder zur Place de la Madeleine, hätte sich ein emotionales Band spannen lassen.

Die Rue de Rivoli säumt den Garten der Tuilerien, »das grüne Herz des größten kulturellen Ensembles auf der Welt« (Jack Lang). Proust hat seinen Zauber mehrfach beschrieben: In *Freuden und Tage* findet sich das Prosastück *Tuilerien*, das ein gleichsam zeitloses Stimmungsbild zeichnet:

»Heute morgen hat sich die Sonne im Jardin des Tuileries nach und nach auf all den steinernen Stufen niedergelegt, einem blonden Jüngling gleich, dessen leichten Schlummer schon das Vorübergleiten eines Schattens unterbricht. Am alten Palastgemäuer grünen junge Sprossen. Der Hauch des verzauberten Windes mischt in den Duft des Vergangenen die frischen Düfte des Flieders. Die Statuen, die uns auf den Plätzen der Stadt wie Wilde erschrekken, träumen hier in den Hagebuchen wie Weise vor sich hin, unter dem lichterfüllten Laub, das ihre Blässe schützt. Die Wasserbecken, auf deren Grund der blaue Himmel ruht, leuchten wie Blicke. Von der Terrasse du Bord de l'Eau aus erblickt man am anderen Ufer und wie in einem anderen Jahrhundert einen Husaren, der das alte Quartier des Quai d'Orsay verläßt und vorbereitet. Die Winden quellen wild über die Ränder geraniengekrönter Blumentöpfe. Glühend vor Sonne verbrennt das Heliotrop seine Düfte. Vor dem Louvre streben Stockrosen in die Höhe, schlank wie Masten, vornehm und anmutig wie Säulen, errötend wie junge Mädchen. Irisierend in der Sonne und seufzend vor Liebe steigen die Springbrunnen dem Himmel entgegen. Am Ende der Terrasse verkörpert ein steinerner Reiter in wildem Galopp, ohne sich von der Stelle zu rühren, die Lippen an eine fröhliche Trompete gepreßt, die ganze Glut des Frühlings.«

Und auch in der spät wiederentdeckten Erzählung *Der Gleichgültige* inszeniert Proust den Gang durch die Tuilerien als Empfindungsbarometer für seine Figuren: »Eines Morgens hatte sie sich allein in den Tuilerien auf die Terrasse du Bord de l'Eau gesetzt. Sie ließ ihren Kummer treiben, ließ ihn sich ausdehnen, sich ungezwungener erholen am freien Himmel, ließ ihn Blumen pflücken, hervorbrechen mit den Stockrosen, den Springbrunnen und den Säulen, dann hinter den Dragonern hergaloppieren, die das Quartier d'Orsay verließen, willenlos umhertreiben auf der Seine und im bleichen Himmel mit den Schwalben schweben.«

Die Tuilerien und die Gärten der Champs-Élysées werden durch die weite Place de la Concorde getrennt, über-

Jan Vermeer van Delft, Ansicht von Delft

ragt von ihrem Erkennungszeichen, dem Obelisken von Luxor, der – 230 Tonnen schwer und 23 Meter hoch – 1836 aufgerichtet wurde. An der Ostseite des Platzes liegt, in die Tuilerien hineinreichend, das Museum Jeu de Paume. Im April 1921 wurde dort eine außergewöhnliche Ausstellung holländischer Malerei eröffnet. Proust interessierte sich besonders für Vermeer, dessen *Ansicht von Delft* er für das »schönste Gemälde der Welt« hielt, und besuchte die Schau zusammen mit einem Freund, dem Kritiker Jean-Louis Vaudoyer. Ob Proust dabei einen Schwächeanfall erlitt, läßt sich nicht mit Sicherheit sagen. Es steht indes fest, daß eine seiner Romanfiguren, der Schriftsteller Bergotte, von heftiger Übelkeit ergriffen wird, als er das »kleine gelbe Mauerstück« in Vermeers Gemälde sehen möchte:

»Bergotte aß ein paar Kartoffeln, verließ das Haus und trat in den Ausstellungssaal. Schon auf den ersten Stufen, die er zu ersteigen hatte, wurde er von Schwindel erfaßt. (...) Endlich stand er vor dem Vermeer, den er strahlender in Erinnerung hatte, noch verschiedener von allem, was er sonst kannte, auf dem er aber dank dem Artikel des Kritikers zum erstenmal kleine blaugekleidete Figürchen wahrnahm, ferner, daß der Sand rosig gefärbt war, und endlich auch die kostbare Materie des ganz kleinen gelben Mauerstückes. (...) Er sprach mehrmals vor sich hin: ›Kleines gelbes Mauerstück mit einem Dachvorsprung, kleines gelbes Mauerstück.‹ Im gleichen Augenblick sank er auf ein Rundsofa nieder; ebenso rasch dachte er nicht mehr, daß sein Leben auf dem Spiel stehe, sondern in wiederkehrendem Optimismus beruhigte er sich: Es ist nur eine Verdauungsstörung, die Kartoffeln waren nicht ganz gar, es ist weiter nichts. Ein neuer Schlag streckte ihn nieder, er rollte vom

Hôtel de Crillon

Sofa auf den Boden, wo die hinzueilenden Besucher und Aufseher ihn umstanden. Er war tot.«

Die Place de la Concorde mit dem Luxus-Hotel de Crillon, wo Proust Druckfahnen korrigierte, wenn Céleste ihn aus der Wohnung trieb, um die Pflichten des Haushalts ungestört erfüllen zu können, ist eine viel befahrene unübersichtliche Asphaltfläche, die man nur zu gern hinter sich läßt. Lohnender und entspannender ist es, Prousts Beschreibung aus *Jean Santeuil* zu lesen:

»Auf der Place de la Concorde angekommen, sah er die Madeleine und bemerkte vor ihren Säulen einen violetten Dunst, der aussah, als dampfe bereits Weihrauch auf der Schwelle von Tempeln. Er machte einen Umweg über den Pont de la Concorde. Die Seine sogar war zu wundersamem Leben erblüht, und die Boote, die ihre Oberfläche durchfurchten, legten Purpuradern in ihr frei und ließen, ohne ihn wieder aufzufangen, funkelnd einen köstlichen Staub aufsprühen, der in goldene Schlünde zurückzusinken schien. Auf einer Uferböschung war noch Schnee liegengeblieben, doch wie man sogar Frauen sieht, die couragiert, nachdem die Männer ihn erlegt haben, auf einen an den Strand gezogenen Walfisch klettern, stapften lachende Kinder, als wäre es das harmlose und staunenswerte Vließ eines erwürgten Ungeheuers, in dieser prächtigen und weichen, nunmehr abgelegten Rüstung des Winters herum, den man heute nicht länger mehr zu fürchten brauchte. Jean machte kehrt und nahm den Weg durch die Tuilerien.«

Noch einmal zurück in die Tuilerien: Blickt man von der Cour carrée auf das andere Seine-Ufer, so tut sich das imposante Institut de France am Quai de Conti auf. 1895 hatte sich Proust in der im linken Flügel des Instituts untergebrachten Bibliothèque Mazarine um den unbezahlten Posten eines Bibliotheksangestellten beworben – mit Erfolg. Seine Tätigkeit dort blieb ohne nachhaltigen Einfluß auf die Geschichte des französischen Bibliothekswesens. Immer wieder ersuchte Proust, der »am wenigsten ›mitarbeitende‹ Mitarbeiter« (André Maurois), um Urlaub oder blieb seinem Dienst krankheitsbedingt fern, so daß der junge Autor zum seltenen Gast in den Bibliotheksräumen wurde. Im April 1900 endete dieses Kapitel einer imaginären Berufstätigkeit; seine Vorgesetzten, die sein Verhalten mehrfach kritisiert hatten, interpretierten ein erneutes Fernbleiben als Amtsniederlegung.

In der *Suche nach der verlorenen Zeit* kehrt der Quai de Conti wieder: als Privathaus der Verdurins, die hier – nachdem sie zuvor in der kleinen Rue Montalivet im 8. Arrondissement empfingen – zwischen Pont Neuf und Pont des Arts ihren so detailliert beschriebenen »kleinen Kreis« um sich scharen. Der Gastgeber, der es sich nicht nehmen läßt, sein Haus als ehemaligen Palast venezianischer Gesandter auszugeben, erweist sich auch als etymologisch erfindungsreich und behauptet, die nahegelegene Rue du Bac verdanke ihren Namen der Fähre, »mit der die Nonnen früherer Zeiten, die Miramionen, zum Hochamt in Notre-Dame übergesetzt wurden«. Proust borgt sich, in der *Wiedergefundenen Zeit*, den Ton der Brüder Goncourt, um in einem brillanten Pastiche das Gehabe im Verdurinschen Salon zu beschreiben, in einem Haus, »von dessen erstem Stock aus man den Quai nicht sieht«.

12. Das vermaledeite Haus: die Rue Laurent-Pichat

Aus der Rue de Rivoli und aus der Nähe zu den Tuilerien wurde nichts, und das, obwohl Proust in *Jean Santeuil* die Straße so poetisch in Szene gesetzt hatte: »Auf den Balkonen der Häuser in der Rue de Rivoli bildeten sich aureolenartige Lichtreflexe bis oben zum Dachfirst hin und schienen verheißungsvoll dem Himmel entgegenzulächeln. An einem Fenster hatte ein oben einfallender Strahl die Scheibe mit seinem purpurfarbenen Krallengriff gezeichnet wie mit einem erstarrten Blitz, der sein Entstehen der Kunst eines Glasmalers verdankte.«

Die Zeit drängte, da Proust und Céleste den Boulevard Haussmann bis Ende Mai 1919 verlassen mußten, und so ergriff Proust das Angebot des jungen Jacques Porel, den er einige Jahre zuvor in Cabourg kennengelernt hatte, und zog in die kleine Rue Laurent-Pichat, Nummer 8 bis, im 16. Arrondissement.

Das Haus gehörte Porels Mutter, der Schauspielerin Réjane, die Proust in etlichen Stücken auf der Bühne gesehen hatte und die er als »große Künstlerin« sogar über Sarah Bernhardt stellte. Die Réjane, die wie ihr Sohn selbst im Haus wohnte, lag schwer krank darnieder, als Proust zu ihr zog; ein Jahr darauf starb sie. Sosehr Proust davon angetan war, in der Nähe einer von ihm geschätzten Bühnenheroin zu leben, so wenig sagten ihm das »vermaledeite Haus« und die Wohnung im 4. Stock zu.

»Das Haus aus Papier macht alle Geräusche hörbar und verhindert jeden Schlaf«, schrieb er an Hélène de Soutzo, und in einem Brief an Jacques Porel offenbarte Proust seine

Qual (und gleichzeitig in seltener Deutlichkeit seine sexuellen Vorlieben): »Die Nachbarn, von denen mich nur eine Papierwand trennt, lieben sich täglich so, daß ich eifersüchtig werde. Wenn ich daran denke, daß dieses Gefühl für mich schwächer ist als jenes, das ich beim Trinken eines kühlen Bieres verspüre, dann beneide ich Leute, die in der Lage sind, dabei so sehr zu schreien, daß ich das erste Mal dachte, jemand werde umgebracht; aber schnell hat mich der Schrei der Frau – der eine Oktave tiefer vom Mann wiederholt wurde – davon überzeugt, was vor sich ging. Übrigens scheinen dieser Mann und diese Frau im selben Maße Geschmack an Zärtlichkeiten wie Angst vorm Kinderkriegen zu haben. Kaum ist der letzte Schrei verhallt, stürzen sie sich aufs Bidet, und der Liebesrumor geht im Geräusch fließenden Wassers unter. Der vollkommene Mangel an Übergang tut mir für die beiden fast leid, denn wenn ich etwas *danach* verabscheue, jedenfalls *direkt* danach, dann, mich zu bewegen.«

Wilde Lustschreie von da, Toilettengeräusche von dort – das Leben in der Rue Laurent-Pichat erwies sich als Martyrium, nicht zuletzt auch, weil sich Prousts gesundheitlicher Zustand zusehends verschlechterte. Um die Unannehmlichkeiten zu komplettieren, zweigt das gerade einmal 140 Meter lange Sträßchen von der Avenue Foch (Höhe Hausnummer 52) ab, einer großzügig angelegten Allee, deren hohe Bäume eine Feuchtigkeit mit sich brachten, die Proust als seinem Asthmaleiden wenig zuträglich erachtete. Die Avenue Foch, die von 1875 bis 1929 Avenue du Bois-de-Boulogne und davor Avenue du Général Uhrich und Avenue de l'Impératrice hieß, verbindet die Place Charles de Gaulle/Étoile und den Bois de Boulogne. Sie galt zu Prousts Zeiten als elegante, indes noch recht ruhige Gegend.

Für Odette ist es, in *Unterwegs zu Swann*, schick, »sonntags morgens« auf der Avenue zu sein, und später, als Madame Swann in einer der Seitenstraßen wohnt, läßt es sich der Erzähler nicht nehmen, vor dem sonntäglichen Mittagessen Lust auf einen Spaziergang vorzutäuschen – allein, um Madame nahe zu sein. Er, dessen Beziehung zu Gilberte, Odettes Tochter, sich aufzulösen beginnt, bezieht einen »Spähposten« am Triumphbogen, um den Auftritt der Bewunderten ja nicht zu verpassen:

»Plötzlich erschien dann auf dem Sand der Allee, langsam, spät und üppig wie die schönste Blüte, die sich erst zur Mittagsstunde auftut, Madame Swann, von einer Toilette umwogt, die jedesmal eine andere, doch, wie ich mich zu erinnern glaube, meist malvenfarben war; dann hißte und entfaltete sie im Augenblick ihres größten Glanzes auf einem langen Stiel den Seidenwimpel eines großen Sonnenschirms vom gleichen Farbton wie die flatternden Blütenblätter ihres Kleides.«

Die Avenue du Bois war zu jener Zeit eine Flanierstrecke für die mondäne Welt, die sich, kaum setzte das wärmende Frühjahr ein, in blitzenden Gespannen zeigte. Odette Swann, die seinerzeit (noch) nicht zum Faubourg Saint-Germain gehörte, nimmt sich die Freiheit und geht zu Fuß über die Avenue du Bois: »Wenn Madame Swann zu Fuß ging, sah sie, vor allem mit ihrem in der Wärme verlangsamten Schritt, ganz so aus, als habe sie einer neugierigen Neigung nachgegeben, als begehre sie eine elegante Übertretung des Protokolls.«

In Prousts früher Erzählung *Das Ende der Eifersucht* ist die Avenue du Bois Schauplatz eines schrecklichen Unfalls. Honoré, die Hauptfigur, genießt die »wind- und sonnendurchtränkte Luft« der Straße und erfreut sich am Glanz des Himmels und am Strahlen der Sonne – als er, einen Moment lang unaufmerksam, ein Pferd übersieht, das ihm beide Beine zerquetscht.

Am Ende der *Suche nach der verlorenen Zeit* schließt sich der Kreis: Die Protagonisten treffen ein letztes Mal zusammen, nicht in einem der Faubourg-Salons, sondern im neuen, prächtigen Palais, das sich der Fürst von Guermantes in der Avenue du Bois hat bauen lassen – ein Umzug, der dem Erzähler die Zerstörung seiner Illusionen auch topographisch offenbart. Hier in der Avenue du Bois, an der Ecke zur Avenue Malakoff, hatte sich übrigens auch der Dandy Boni de Castellane mit dem Vermögen seiner reichen Frau, der Amerikanerin Anna Gould, ein (1970 abgerissenes) Palais aus rosarotem Marmor bauen lassen und die glanzvollsten Empfänge der Zeit gegeben.

Die Kutschfahrt zum Guermantesschen Palais erlaubt es dem Erzähler immerhin, sich auf dem Weg zur Soiree die alten Stätten noch einmal vor Augen zu führen: Sie wird zu einer Rückkehr in die Vergangenheit, verbunden mit den Namen Françoise, Gilberte und Albertine:

»Die Straßen, die ich in diesem Augenblick durchfuhr, waren jene so lange vergessenen, in die ich einst mit Françoise eingebogen war, um zu den Champs-Élysées zu gelangen. Der Boden wußte von ganz allein, wohin er führen sollte; sein Widerstand war besiegt. Und wie ein Flieger, der bis dahin mühsam auf der Erde entlanggerollt ist und nun plötzlich ›abhebt‹, erhob ich mich langsam zu den schweigenden Höhen der Erinnerung. Innerhalb von Paris werden diese Straßen sich für mich immer, wie aus einem eigenen Stoff gemacht, von den anderen unterscheiden. (...) Ich durchmaß nicht die gleichen Straßen wie die Spaziergänger, die sich an diesem Tag im Freien ergingen, son-

dern eine dahingleitende, traurige und doch glückliche Vergangenheit.«

»Wie aus einem eigenen Stoff gemacht« – das sind Straßen, die unverwechselbar sind, weil sie unauflöslich mit vergangenen Begegnungen verwoben sind, und die die Biographie des Erzählers (und oft auch des Autors Proust) mit emotionalen Wegmarken bestücken. Am Palais in der Avenue du Bois angekommen, passiert ihm, kurz bevor er sich dem Finale seiner künstlerischen Erweckung nähert, ein Mißgeschick, das mit einem Schlag Vergangenes – eine Begebenheit in Venedig – heraufbeschwört und ihn nachhaltig dazu auffordert, dem Geheimnis dieser scheinbar zusammenhanglosen Ereignisse auf den Grund zu gehen:

»Versunken noch in die trübseligen Gedanken, von denen ich eben sprach, war ich in den Hof des Guermantesschen Palais eingetreten und hatte in meiner Zerstreuung nicht bemerkt, daß ein Wagen sich näherte; beim Ruf des Chauffeurs hatte ich gerade noch Zeit, rasch zur Seite zu springen. Ich wich so weit zurück, daß ich unwillkürlich auf die ziemlich schlecht behauenen Pflastersteine trat, hinter denen eine Remise lag. In dem Augenblick aber, als ich wieder Halt fand und meinen Fuß auf einen Stein setzte, der etwas weniger hoch war als der vorige, schwand meine ganze Mutlosigkeit vor dem gleichen Glücksgefühl, das mir zu verschiedenen Epochen meines Lebens einmal der Anblick von Bäumen geschenkt hatte, die ich auf einer Wagenfahrt in der Nähe von Balbec wiederzuerkennen gemeint hatte, ein andermal der Anblick der Kirchtürme von Martinville oder der Geschmack einer Madeleine, die in Tee getaucht war (...). Wie in dem Augenblick, in dem ich die Madeleine gekostet hatte, waren alle Sorgen um meine Zukunft, alle meine Zweifel meines Verstandes zerstreut.

Die Bedenken, die mich eben noch wegen der Realität meiner literarischen Begabung, ja der Literatur selbst befallen hatten, waren wie durch Zauberschlag behoben.«

Ein Abend im Pré Catelan, Gemälde von Henri Gervex

13. Nicht nur ein Waldgelände: der Bois de Boulogne

Die Avenue Foch führt zur Porte Dauphine und hinein in den Bois de Boulogne, jenes Ausflugsparadies vieler Pariser, das ihnen die Gelegenheit gibt, ausgiebige Spaziergänge zu unternehmen, einen Zoo zu besuchen, Boote zu mieten oder sich im Freien zum Mittagessen zu treffen, und das gleichzeitig als verruchter Schauplatz nächtlicher erotischer Eskapaden gilt – wie sie zuletzt etwa Catherine Millet in ihrem Bericht *Das sexuelle Leben der Catherine M.* detailfreudig beschrieben hat.

Der Bois de Boulogne ist eigentlich kein Wald, sondern eine sich über 860 Hektar erstreckende Parkanlage mit Autostraßen und breiten Alleen. Mitte des 19. Jahrhunderts wurde er entscheidend umstrukturiert: Künstliche Seen, Flußläufe und Wasserfälle machten aus ihm ein artifizielles, durch und durch domestiziertes Gelände. Zu Prousts Zeiten lud der Bois die hochgestellte Pariser Welt dazu ein, ihren Reichtum und ihre Eleganz zur Schau zu stellen – an einem öffentlichen Ort und unter freiem Himmel. Folglich zählen die Seen des Bois de Boulogne auch zu den von Odette bevorzugten Örtlichkeiten, deren »Chic« sie anzieht, und für viele Figuren der *Suche nach der verlorenen Zeit* werden Abstecher in den Bois zu symbolisch besetzten Ausfahrten, auf denen sich Lebensschicksale kreuzen.

Proust selbst kannte den Bois von vielen Spaziergängen her, die man im Sommer, von Auteuil aus, unternahm. Im Alter von neun Jahren ereilte ihn dort erstmals ein Asthmaanfall – eine Krankheit, die ihn sein Leben lang quälte. Bei der Rückkehr von einem Bois-Ausflug mit seinem Freund

Maurice Duplay erlitt er einen schweren Erstickungsanfall, der ihn – wie sich sein Bruder erinnerte – beinahe vor den Augen seines entsetzten Vaters aus dem Leben gerissen hätte. Trotz dieser schrecklichen Erfahrung bleibt der Bois ein Anziehungspunkt, der Proust und seinen Erzähler in soziologischer Wahrnehmung schult. Proust selbst dinierte immer wieder im Bois, im Pavillon d'Armenonville oder im an der Route de Suresnes gelegenen Pré Catelan, das noch heute als erlesenes, mit Michelin-Sternen dekoriertes Luxusrestaurant gilt. Sein Erzähler wiederum dirigiert – vom Verlangen geleitet, Madame Swann auf Schritt und Tritt zu folgen – die wackere Françoise zielsicher in die Allée des Acacias (heute: Allée de Longchamp). Der Bois wird zur Bühne der Observation:

»Er war für mich so etwas wie jene Tiergärten, in denen man in gegensätzlichen Landschaftsausschnitten die Flora verschiedenartiger Gegenden sieht; wo man nach einem Hügel erst auf eine Grotte, dann eine Wiese, auf Felder, einen Fluß, einen Graben, einen Hügel, einen Sumpf stößt, jedoch weiß, daß sie nur da sind, um den sich tummelnden Flußpferden, Zebras, Krokodilen, russischen Kaninchen, Bären oder Reihern einen geeigneten Lebensraum oder einen malerischen Rahmen zu geben; der Bois selbst, in seiner komplexen Vereinigung verschiedener kleiner, in sich geschlossener Welten – ließ er doch ein mit roten Bäumen, amerikanischen Korkeichen, bepflanztes Farmgelände, das einem landwirtschaftlichen Betrieb in Virginia glich, auf ein Fichtenwäldchen am Seeufer oder auf einen Hochwald folgen, aus dem plötzlich in weichem Pelz und mit schönen Tieraugen eine eilige Spaziergängerin auftauchte – war der Frauengarten.«

Nach stundenlangem Auf- und Abgehen ist es dem Erzähler dann endlich vergönnt, Madame Swanns ansichtig zu werden. Am Taubenschießstand, der sich zwischen der Porte de Madrid und der Allée des Acacias befand, verläßt sie ihre Kutsche, um ein Stück zu Fuß zu gehen, die Schleppe ihres malvenfarbenen Kleides hinter sich herziehend und mitunter nach ihrem Windhund rufend. Der Erzähler folgt ihr mit scharfem Blick, bis er sich ihr nähert und mit »weitausholendem, lange andauerndem Schwung« den Hut vor ihr zieht.

Die »Vielfältigkeit des Bois de Boulogne« bringt Proust dazu, sich ihm erzählerisch auf unterschiedlichsten Wegen zu nähern. *Unterwegs zu Swann* zum Beispiel schließt mit einer Bois-Ansicht, die in schimmernde Herbstfarben getaucht ist:

»Es war die Stunde und die Jahreszeit, in der der Bois vielleicht am mannigfaltigsten wirkt, nicht nur, weil er stärkere Unterteilungen erkennen läßt, sondern mehr noch, weil es andere sind als sonst. Selbst an den offenen Stellen, wo man eine gewisse Weite überblickt, hob sich wie auf einem eben erst in Angriff genommenen Bühnenbild hier und da vor dem dunklen, weit zurückversetzten Hintergrund von Bäumen, die kein Laub mehr hatten oder noch ihr Sommerloch besaßen, als hätte der Dekorateur erst diesen Teil fertiggestellt und übrige noch nicht in Farben angelegt, eine doppelte Reihe orangefarbener Kastanien ab und bot ihre in vollem Licht liegende Allee als Schauplatz für den Spaziergang von Personen dar, die erst später hinzugefügt werden sollten. (...) Die verschiedenen Partien des Bois, die im Sommer unter der Dichte und Einförmigkeit des Grüns ineinander verschwammen, traten jetzt auseinander. Bei fast allen ließen lichtere Stellen nunmehr den Eingang sichtbar werden, vor anderen pflanzte sich üppi-

Ein Pavillon im Bois de Boulogne

ges Laubwerk wie ein Banner auf. Wie auf einer kolorierten Karte sah man Armenonville, den Pré Catelan, Madrid, den Rennplatz, die Ufer des Sees. Hier und da tauchte irgendein unnützes Bauwerk auf, eine künstliche Grotte, eine Mühle, der die Bäume den Platz freigaben oder die eine Rasenfläche auf ihrer weichen Plattform darzubieten schien. Man fühlte, daß der Bois nicht nur ein Waldgelände war, sondern einer dem Leben seiner Bäume fremden Bestimmung entsprach.«

Drei große Spaziergänge führen den Erzähler der *Suche nach der verlorenen Zeit* in den Bois de Boulogne, den »Frauengarten«. Er ist ein Ort des erotischen Reizes, der frivolen Verführung und damit unweigerlich eine Quelle der Eifersucht. Die dunkle, verschlossene Welt des Bois verbirgt Geschehnisse, deren Sprengkraft sich erst Jahre später zeigt. Odette, die von den Verdurins bevorzugt ohne ihren Begleiter Swann eingeladen wird, macht lesbische Erfahrungen im Bois de Boulogne, und die Verschwiegenheit mancher Plätze weckt im Erzähler (in *Guermantes*) das unstillbare Bedürfnis, Freiluftliebe zu praktizieren: »Madame de Stermaria auf der Insel im Bois de Boulogne zu besitzen, auf die ich sie zum Abendessen eingeladen hatte – das war der Genuß, den ich mir in jeder Minute ausmalte.«

In der Phantasie des Erzählers scheint die junge Adlige aus der Bretagne jenem Frauentypus zu entsprechen, der sich für derartige Plein-air-Verlustierungen eignet: »Als Geschöpfe der Umstände kommen gewisse Frauen nicht ohne das große Bett in Frage, in dem man an ihrer Seite den Frieden finden kann, andere verlangen für die ihnen in versteckterer Absicht gespendeten Zärtlichkeiten Blätter im Wind und nächtliche Quellen, sind leicht und flüchtig wie sie.« Indes, das Begehren, Madame de Stermaria auf der »für Liebesgenuß« besonders tauglichen nebelumhüllten Insel im Bois zu beglücken, wird nicht erfüllt: In einem mit »bedauernden Grüßen« schließenden Brieflein teilt sie dem unruhigen Eroberer mit, dummerweise verhindert zu sein – mit einer Konsequenz, die in *Die Flüchtige* lakonisch kommentiert wird: »Die Weigerung Madame de Stermarias, mit mir auf der Insel im Bois zu soupieren, hatte verhindert, daß sie diejenige wurde, die ich liebte.«

Der Bois de Boulogne ist mit der Bandbreite der Eindrücke, die er bietet und die einerseits Naturempfinden wachrufen und andererseits reine Künstlichkeit widerspiegeln, eine ideale Projektionsfläche. Während der Erzähler die Seen des Bois für erotische Imaginationen nutzt, läßt sich Monsieur Santeuil (in *Jean Santeuil*) von anderen ästhetischen Reizen des Bois de Boulogne beeindrucken:

»Am Abend brachten Monsieur und Madame Santeuil Jean wieder zum Bahnhof und gingen auf dem Heimweg durch den Bois an dem dunklen See entlang, auf dem manchmal das weiße Gefieder eines Schwans aufschimmerte, der eingeschlafen war oder lautlos dahinglitt, wodurch er die poetische Vorstellung von einer weite Räume durchmessenden, doch dabei fast unwirklichen Bewegung erweckt, ähnlich einem Eisenbahnzug, den man von einer Anhöhe aus, ohne etwas zu vernehmen, dahingleiten und dahindampfen sieht. Die Nachbarschaft dieses Sees, der am Tage so blau war und über dem am Abend so viele Sterne blitzten, trug nicht wenig dazu bei, der Seele von Monsieur Santeuil diese ganz neue, schöne Reinheit und Erhebung zu schenken.«

14. Und noch einmal: gefährliche, geheimnisvolle Orte ...

Das Spektrum erotischer und sexueller Motive in Prousts Werk ist groß und hat – im Zusammenspiel mit dem nie ganz gelüfteten Schleier, den Proust über seine eigene Sexualität zu legen versuchte – dazu geführt, daß biographische Spürhunde bis heute danach trachten, sexuelle Abgründe in Werk und Leben zu erforschen, und sich zu kühnen Interpretationen aufschwingen. *Auf der Suche nach der verlorenen Zeit* ist ein Roman, der die Themen Eifersucht, Leidenschaft und Obsession ständig einkreist und neu zusammenfügt. Es geht um Untiefen menschlicher Existenz, die es zu kaschieren gilt und die nicht allerorten auszuleben sind. Eine Stadt wie Paris bietet ein Netzwerk von erotisch eindeutig besetzten Örtlichkeiten an, deren Namen den Eingeweihten selbstverständlich sind und die unmißverständliche Assoziationen wecken.

Proust ist in seinem Roman weit davon entfernt, ein minutiöses Detailporträt von Paris zu geben, das möglichst viele Arrondissements und Quartiers abdeckt. Es sind, wie wir sahen, wenige konzentrische Kreise – die Place de la Madeleine, das Quartier Monceau, der Bois de Boulogne –, die vom Bewegungsradius der Figuren gezogen werden. Manche Stadtviertel kommen nicht vor, manche tauchen nur in stereotypen Vergleichen auf, und andere werden herbeizitiert, wenn Phänomene zu schildern sind, die eigentlich nicht zum Kosmos der Figuren gehören.

So ist der Bois de Boulogne ein Ort der verführerischen Gefährdung, den Proust aus eigener wiederholter Anschauung kannte. Andere Plätze dagegen scheinen im Roman

Moulin Rouge, Foto von Eugène Atget, 1926

nur kurz auf, als Evokationen, in denen für einen flüchtigen Augenblick sichtbar wird, wie unerkennbar letztlich das wahre Gesicht von Paris bleibt. Das Mysterium, das die Menschen umgibt, die permanente Ungewißheit darüber, was sich hinter ihrer Fassade verbirgt, die peinigende Erkenntnis, daß ein verläßliches Erkennen des anderen unmöglich ist – diese Leitthemen Prousts werden bildhaft auf den Stadtplan von Paris projiziert. Was verhüllen die Häuser, die Straßenzüge, die Vergnügungstempel, die Restaurants an den Boulevards und die zweideutigen Etablissements? Wo treibt es die Menschen hin, wenn sie ihre heimlichen Leidenschaften ausleben wollen?

Gegen Ende des 19. Jahrhunderts entstehen viele neue Plätze, die das Pariser (Nacht-)Leben verändern, zu histörchenumrankten Attraktionen werden und bald das Olàlà-Image der Stadt ausmachen. 1889 wird das Moulin Rouge am Boulevard Clichy eröffnet; das Olympia, Boulevard des Capucines, folgt 1893, dessen Besitzer wiederum kauft neun Jahre später die Folies-Bergères, Rue Richer, und gestaltet sie zu einem Revuetheater um. Rachel, Robert de Saint-Loups Geliebte im Roman, arbeitet in diesem Umfeld als Prostituierte, und in Gedanken läßt sich Robert in das Vergnügungsviertel auf dem Montmartre treiben – eine Gegend, die in Prousts Roman ansonsten kaum Erwähnung findet:

»Einen Augenblick lang stellte Saint-Loup sich eine Existenz auf der Place Pigalle vor, mit unbekannten Freunden, anrüchigen Abenteuern, Nachmittagen voller harmloser Vergnügungen, Ausflügen oder Lustpartien, in jenem Paris, wo in den beiderseits des Boulevard de Clichy gelegenen Straßen ihm nicht die gleiche Sonne zu scheinen schien wie dort, wo er sich mit seiner Freundin erging, sondern eine andere, denn die Liebe und der Schmerz, der eins mit ihr ist, haben wie der Rausch die Macht, die Dinge in unseren Augen voneinander zu unterscheiden. Was er argwöhnisch vermutete, war fast ein unbekanntes Paris inmitten von Paris; seine Liaison kam ihm wie eine Erforschung eines fremden Lebens vor. (...) Eine Sekunde lang erregte die Gegend um das Olympia, die ihm bis dahin vollkommen abgeschmackt vorgekommen war, seine Neugier, weckte seinen Schmerz, und die Sonne dieses Frühlingstages auf der Rue Caumartin, auf der vielleicht, ohne die Bekanntschaft mit Robert, Rachel jetzt sich zwanzig Francs verdient hätte, flößten ihm eine unbestimmte Sehnsucht ein. Aber wozu sollte er Rachel Fragen stellen, wo er doch im voraus wußte, daß die Antwort entweder schlichtes Schweigen oder eine Lüge oder etwas sein würde, das für ihn sehr schmerzlich wäre und ihn gleichwohl über nichts aufklären würde?«

Fragen, die zu nichts führen, Antworten, die den Verdacht der Lüge nähren – das beschäftigt auch den Erzähler in der *Suche nach der verlorenen Zeit*. Besessen von Zweifel und Eifersucht, will er Klarheit darüber gewinnen, ob und mit wem ihn seine Freundin Albertine betrügt. Wieder und wieder kreisen seine Gedanken um diese wahnhafte Vorstellung, die sich allmählich in Realität verwandelt. Seine Mutmaßungen über Albertines erotische Beziehungen zu ihrer Freundin Andrée bewahrheiten sich nach und nach, und der Ort des Vergehens ist genau zu bestimmen: der Parc des Buttes-Chaumont im 19. Arrondissement. 1867 eröffnet, zählt auch er zu den modernen Pariser Anlagen, die auf Initiative des Baron Haussmann entstanden, um Erholungsmöglichkeiten zu schaffen und den Osten der Stadt zu begrünen.

Für Albertine und Andrée ist das hügelige Parklabyrinth ein idealer Ort für verschwiegene Treffen. Albertines Satz »Ich glaube, Andrée will mich zu den Buttes-Chaumont mitnehmen, die ich noch nicht kenne« erregt sofort den Verdacht des Erzählers; seine Versuche, das Rendezvous zu verhindern, scheitern – natürlich. Auch als diese schmerzlichen Erfahrungen allmählich verblassen, genügt ein zufälliges Gedankenspiel (in *Die Flüchtige*), um dem Erzähler das Vergangene in aller Schärfe vor Augen zu führen:

»Bei Chaumont hatte ich an die Buttes-Chaumont gedacht, wohin, wie Madame Bontemps mir mitgeteilt hatte, Andrée sich häufig mit Albertine begab, während Albertine mir gesagt hatte, sie habe die Buttes-Chaumont niemals auch nur gesehen. Von einem gewissen Alter an sind unsere Erinnerungen derart miteinander verwoben, daß die Sache, die man im Sinn hat, oder das Buch, das man liest, ganz dahinter verschwindet. Überall hat man etwas von sich ausgestreut, alles ist ergiebig, alles birgt Gefahren in sich, und ebenso kostbare Entdeckungen wie in Pascals *Pensées* kann man in einer Seifenreklame machen.«

Albertine ist eine Meisterin getarnter Unternehmungen. Als der über sie wachende Erzähler von ihrer Freundschaft mit der lesbischen Schauspielerin Léa erfährt, entwickelt sich ein Katz-und-Maus-Spiel, das die Mitspieler ins Trocadéro führt – ein Theater, das sich bis 1937 am Platz des heutigen Palais de Chaillot, Place du Trocadéro, befand. Als die Gefahr droht, Albertine könne dort weiblicher Verführung erliegen, setzt die vertraut-quälende Gedankenspirale des Erzählers ein: »Ich kümmerte mich um nichts anderes mehr, ich dachte nur daran, wie ich verhindern konnte, daß Albertine im Trocadéro blieb; ich hätte Léa jede Summe gegeben, damit sie sich selbst nicht dorthin begab.« Die Mechanismen von Eifersucht und Überwachung greifen wieder.

Was sich im Parc des Buttes-Chaumont und im Trocadéro genau abspielt, bleibt weitgehend der Phantasie des Lesers überlassen. Wesentlich konkreter wird der Roman, als der Erzähler im Schlußteil Zeuge unerhörter sexueller Vorgänge wird. »Ziemlich weit vom Stadtzentrum« entfernt, vermutlich im Osten von Paris, liegt das Bordell, das der Westenmacher Jupien während des Krieges betreibt. Mit voyeuristischem Eifer beobachtet der Erzähler Ungeheuerliches: »Da bemerkte ich, daß es ein kleines Rundfenster auf dem Flur gab, an dem aus Versehen der Vorhang nicht zugezogen war; leise im Dunkeln vorwärtsschleichend rückte ich bis zu diesem Fensterchen vor, und da sah ich, an sein Lager gefesselt wie Prometheus an seinen Felsen, im Begriff die Schläge einer tatsächlich mit spitzen Nägeln versehenen Klopfpeitsche entgegenzunehmen, die Maurice auf ihn niederfallen ließ, da sah ich, bereits in seinem Blut schwimmend und mit Striemen bedeckt, die bewiesen, daß diese Züchtigung nicht zum erstenmal erfolgte, da sah ich vor mir: Monsieur de Charlus.«

Findige Proust-Biographen ließ diese Schlüsselstelle der *Wiedergefundenen Zeit* keine Ruhe. Gab es ein reales Vorbild für Jupiens Etablissement zur Befriedigung extravaganter Begierden? Und hatte Proust dergleichen selbst erlebt? Kein Zweifel besteht darüber, daß Proust Szenen dieser Art real sehen mußte, um sie beschreiben zu können. Wie er die Garderoben und Menüfolgen der gesitteteren Abendgesellschaften akribisch beobachtete und zum Teil aufwendige Recherchen betrieb, um in den Details nicht zu irren, benötigte er Anschauung für jene Geißelungen, denen sich Baron de Charlus freudig aussetzt.

*Das Hotel Marigny – ein Ort, der die Phantasie
der Proust-Biographen immer wieder angeregt hat*

Céleste Albaret, der Proust gerne über seine Expeditionen ins gesellschaftliche Leben Rechenschaft ablegte, berichtet in ihren Erinnerungen von einer dieser denkwürdigen Erkundungen der Unterwelt:

»›Meine liebe Céleste, was ich heute abend gesehen habe, ist unvorstellbar. Ich war bei Le Cuziat, wie Sie wissen. Er hatte mich wissen lassen, daß ein Mann zu ihm kommen würde, um sich peitschen zu lassen. Ich habe durch ein kleines Fenster in der Wand die ganze Szene mitangesehen. Es ist unglaublich, sage ich Ihnen. Ich vermutete es; ich wollte eine Bestätigung haben; ich habe sie bekommen. Es handelt sich um einen Großindustriellen, der deswegen extra die Reise aus dem Norden Frankreichs unternimmt. Stellen Sie sich vor, da ist er in einem Zimmer, durch Ketten mit einem Vorhängeschloß an die Wand gefesselt, und ein widerlicher Kerl schlägt ihn mit einer Peitsche, bis das Blut überall hinspritzt. Und erst dann kann der Unglückliche seine ganze Lust verspüren...‹ – Ich war so entsetzt, daß ich zu ihm sagte: ›Monsieur, das ist doch nicht möglich, so etwas gibt es doch nicht!‹ – ›Doch, doch, Céleste, ich habe es nicht erfunden.‹ – ›Aber, Monsieur, wie haben Sie das mit ansehen können?‹ – ›Eben weil man so etwas nicht erfinden kann.‹«

Proust hatte den Bretonen Albert Le Cuziat 1911 kennengelernt und dessen genealogische Kenntnisse eifrig genutzt. 1916 eröffnete Le Cuziat ein Bordell, das sich in der Rue de l'Arcade 11, im Hotel Marigny, befand und zum Teil mit Möbeln aus Proustschem Besitz ausgestattet war. Nichts ist heute von dieser dubiosen Vorgeschichte zu spüren, wenn man, zwischen Place de la Madeleine und Gare Saint-Lazare, vor der gediegenen Fassade des 2-Sterne-Hotels Marigny steht. Proust-Reisende, die sich von Reminiszenzen leiten lassen und denen eine Nacht im Ritz zu teuer ist, können dort – vielleicht von leichtem Schauder ergriffen – für 80 bis 90 Euro ein Einzelzimmer buchen. (Und gleichzeitig auch die Straße begehen, in der Proust Jean Santeuils Elternhaus plazierte.)

Nicht ganz zu klären ist die Frage, ob Proust nur als unbeteiligter Kundschafter in Etablissements wie dem Hotel Marigny verkehrte oder ob er sich selbst auf ungewöhnliche Weise sexuell zu stimulieren pflegte. Obschon Céleste Albaret solche Spekulationen schroff zurückwies, existieren mehrere voneinander unabhängige Berichte – etwa von Marcel Jouhandeau oder André Gide –, die beschreiben, wie Proust seine sexuelle Lust durch den Anblick sich selbst zerfleischender Ratten anfeuerte und sich erregte, wenn diese mit Hutnadeln zu Tode gebracht wurden – keine Nachrichten, die schöngeistig-sensible Proustianer mit Begeisterung aufnehmen, wollen sie doch auf den ersten Blick so gar nicht zu den lyrischen Beschreibungen der Weißdornhecken oder der Flaschen in der Vivonne passen.

Paris-Besucher, die sich vor allem für den schwulen Marcel Proust interessierten, kolportierten vielfach Begegnungen mit einem Taxichauffeur, der vorgab, geeignete Ratten Proust persönlich überbracht zu haben. Haustiere, auch Nager, sind heute im Hotel Marigny unerwünscht.

Das Restaurant Lapérouse

15. Eine schwermütige Straße: die Rue La Pérouse

Sage mir, wo du wohnst, und ich sage dir, wer du bist – diese für *Auf der Suche nach der verlorenen Zeit* aussagekräftige Maxime gilt auch für Charles Swann, jenen Gast im Garten von Combray. Lange bevor Swann in die Nähe der Avenue du Bois-de-Boulogne zieht, bewohnt er eine Gegend, die ihm den Spott seiner Gesprächspartner einbringt. Denn unverständlicherweise wohnt Swann nicht beim Boulevard Haussmann oder der Avenue de l'Opéra, den großen Arterien der Haussmann-Ära, sondern auf der Ile Saint-Louis im 4. Arrondissement:

»Hätte man Swann unbedingt eine soziale Bewertung zukommen lassen wollen, die ihn persönlich von anderen Söhnen von Maklern in der Stellung seiner Eltern unterschied, so wäre seine Note eher etwas minder ausgefallen; denn äußerst schlicht in seinem Auftreten und von jeher mit einer ›Marotte‹ für Bilder und Antiquitäten behaftet, wohnte er jetzt noch in einem alten Stadthaus, das er mit seinen Sammlungen vollgestopft hatte, die meine Großmutter immer gern einmal angesehen hätte, das aber am Quai d'Orléans lag, in einem Viertel also, in dem zu wohnen meine Großtante für entwürdigend hielt.«

Die Familie des Erzählers, der Swanns wahrer sozialer Status verborgen bleibt, fühlt sich dem verschrobenen »Original«, das regelmäßig bei ihr vorbeischaut, überlegen, und die Großtante läßt es sich nicht nehmen, ihn wegen seiner Wohnung aufzuziehen: »›Nun, Monsieur Swann, und Sie wohnen immer noch am Weindepot, damit Sie ja den Zug nicht versäumen, wenn Sie nach Lyon reisen?‹«

Auch Odette, Swanns Geliebte und spätere Frau, teilt diese Abneigung. Unbelastet von historischen Kenntnissen erachtet sie Swanns Wohnung am Quai d'Orléans als seiner nicht würdig und mokiert sich, als von einer ihrer Freundinnen die Rede ist, über sein Faible für Antiquitäten: »›Du kannst ja nicht verlangen, daß sie wie du unter lauten kaputten Möbeln und abgenutzten Teppichen lebt‹.« Odette liebt das Neue und begeistert sich für alles, was in Paris an aufregenden, an »schicken« Etablissements entsteht. Mit dem noblen, freilich im Abstieg befindlichen Viertel der Ile Saint-Louis will sie nichts zu tun haben; sie wohnt in einer Seitenstraße im aufstrebenden Quartier Chaillot, 16. Arrondissement, in der nach einem französischen Seefahrer benannten Rue La Pérouse.

Diese – wie es in *Unterwegs zu Swann* heißt – »hübsche Straße« –, die »etwas Schwermütiges« an sich habe, befindet sich am Triumphbogen, von der Avenue d'Iéna abgehend. Erst in der Fahnenkorrektur ließ Proust Odette umziehen: aus der ursprünglich vorgesehenen Rue Pauquet (heute Rue Jean Giraudoux) in die nahegelegene Rue La Pérouse. Diese neue Positionierung von Odettes Wohnsitz hatte ihren guten Grund: Parallel zur Rue La Pérouse verläuft die Rue Dumont-d'Urville, so daß Odettes Wohnung auf zwei verschiedene Straßen zeigt und somit über einen nützlichen Hintereingang verfügt.

Trotz dieses für den Gang des Romans wichtigen Vorzuges lag in dieser Wahl auch ein gravierender Nachteil: Odette de Crécy in dieser Straße wohnen zu lassen mußte bei allen Lesern den Verdacht wecken, Proust habe ein in diesem Fall eindeutiges Vorbild im Auge gehabt. In der Rue La Pérouse, Hausnummer 4, wohnte die »berühmte Kurtisane« (Robert Dreyfus) Laure Hayman, die Proust 1888 in

Laure Hayman, Foto von Paul Nadar

Auteuil kennengelernt hatte. Jahrelang war sie die – gesellschaftlich weitgehend akzeptierte – Geliebte seines Onkels Louis Weil und brillierte als geistreiche Frau und Bildhauerin, die insbesondere Schriftsteller zu betören verstand. Durch die Veröffentlichung von *Unterwegs zu Swann* und durch die Identität der Wohnorte nahm sie an, Proust habe sie in Odette porträtieren wollen. Erst im persönlichen Gespräch gelang es Proust, sich mit ihr auszusöhnen.

Eine Liebe zu Swann, der zweite Teil von *Unterwegs zu Swann*, rankt sich um eines der großen Eifersuchtsdramen in Prousts Werk. Von Swanns verzweifelter Suche nach Odette in den Restaurants am Boulevard des Italiens war bereits die Rede. Ein andermal treibt ihn der Zweifel an weiblicher Verläßlichkeit zurück in die Rue La Pérouse. Kaum hat er sich von Odette, die keine Lust auf »faire Cattleya« (so Swanns und Odettes charmante Umschreibung geschlechtlicher Annäherung) verspürt, verabschiedet, kehrt er von hinten an das Haus zurück und meint Licht und Stimmen in Odettes Schlafzimmer wahrzunehmen. Entgeistert und dennoch begierig, sich der Wahrheit zu stellen, pocht Swann an die Fensterläden und sieht sich mit einem überraschenden Ergebnis seiner detektivischen Arbeit konfrontiert: »Vor ihm standen zwei alte Herren am Fenster, der eine hielt eine Lampe in der Hand, und da sah er das Zimmer, das ihm unbekannt war. Da er es gewöhnt war, wenn er sehr spät kam, Odettes Zimmer unter vielen fast gleichen als einziges noch beleuchtet zu finden, hatte er sich getäuscht und an das nächste geklopft, das bereits zum Nachbarhaus gehörte.«

Namen sind für Proust keine willkürlichen Zeichen. Sie tragen – sei es vom Klang, von Assoziationen oder von ihrer Wortgeschichte her – eine Bedeutung in sich, die das tägliche Leben steuert und nur von gleichgültigen Menschen außer acht gelassen wird. Das Leiden der Eifersucht ist durch Swanns nächtlichen Irrtum natürlich nicht dauerhaft besiegt. Schon bald darauf quält er sich wieder mit dem Perpetuum mobile seiner von Zweifeln okkupierten Gedanken. Und so beschließt er, wenn er Odette nicht sehen kann und sie keine Anstalten macht, ihm nahe zu sein, sich eine Ersatzbefriedigung dadurch zu verschaffen, daß er Stätten aufsucht, die ein beliebiges, sei es noch so zufälliges Band zu seiner entfernten Geliebten spannen. Vom Quai d'Orléans geht er so hinüber zum Quai des Grands Augustins, wo sich vor Hausnummer 51 eine Brücke hinüber zu Odette schlagen läßt: »An manchen Tagen blieb er nicht zu Hause, sondern speiste zu Mittag in einem nahen Restaurant, dessen gute Küche er früher geschätzt hatte, in das er aber jetzt nur noch aufgrund einer jener gleichzeitig mystischen und albernen Überlegungen ging, die man ›romantisch‹ nennt, trug dieses Restaurant (das heute noch existiert) doch denselben Namen wie die Straße, in der Odette wohnte: Lapérouse.«

Liebe macht blind, sagt man, und so sei es Swann nachgesehen, daß er es in diesem Fall mit Orthographie und Etymologie nicht so genau nimmt. Das Restaurant ist nach seinem Gründer Jules Lapérouse benannt, der sich in einem Wort schrieb. Immerhin befindet sich Swanns sentimentaler Mittagstisch an einem nachgerade literarischen Ort: Das Lapérouse, gerühmt für seine Küche und seine Einrichtung aus dem 19. Jahrhundert, bewirtete Schriftsteller wie Victor Hugo und Guy de Maupassant. Seine Beliebtheit verdankte es einer klugen Geschäftsidee des Restaurantbegründers: Im ersten Stock des Lokals bestand und besteht die phantasieanregende Möglichkeit, in aparten Séparés zu dinieren und so ein verschwiegenes Tête-à-tête zu arrangieren – eine Empfehlung für (finanziell nicht zu kärglich ausgestattete) Proustiens, die Charles Swanns Leiden möglichst authentisch nacherleben wollen.

16. Grabesatmosphäre: die Rue Hamelin

Noch einmal mußte Proust umziehen. Das ungeliebte Übergangsquartier in der Rue Laurent-Pichat wurde dank der Mithilfe eines Maklers Anfang Oktober 1919 gegen eine Wohnung in der Rue Hamelin, Hausnummer 44, eingetauscht. Ohne Umschweife lamentierte Proust auch über die neue Behausung und bezeichnete sie als »widerliches Loch«, das er, wieder einmal, nur als Provisorium betrachtete. Sie blieb bis zu seinem Tod halb eingerichtet, eine »Zelle«, wie seine Nichte Suzy schrieb, die auf Freunde wie Fernand Gregh unfertig und unaufgeräumt wirkte. Sein Kollege François Mauriac erinnerte sich mit Schaudern an »diesen schwarzen Ofen, dieses Bett, auf dem der Mantel als Decke diente, diese wächserne Maske, mit der unser Gastgeber uns beim Essen ansah und dessen Haare allein noch lebendig zu sein schienen«.

Die Rue Hamelin, im 16. Arrondissement gelegen, zweigt von der Avenue Kléber in Richtung Place d'Iéna ab und kreuzt die Rue Galilée, wo Paul Morand eine Zeitlang wohnte. Keine üble Lage alles in allem, keine so starke Belastung durch Lärm oder Staub wie in den Wohnungen zuvor. Proust und Céleste Albaret bezogen den 5. Stock des Hauses, in dessen Erdgeschoß ein zahnloser Bäcker seinem Handwerk nachging. Ein Zimmer wurde an eine letzte Liebschaft Prousts, den jungen Schweizer Henri Rochat, untervermietet, der als Brettspielpartner zur Zerstreuung beizutragen hatte.

Prousts Finanzen waren mittlerweile durch Aktienverluste schwer in Mitleidenschaft gezogen; sein Berater Lio-

1. Avenue Hoche
2. Rue de Courcelles
3. Parc de Monceau
4. Place St Augustin
5. Gare St Lazare
6. Lycée Condorcet
7. Opéra Garnier
8. Place de la Madeleine
9. Rue Roy
10. Rue Boudreau
11. Place Vendôme
12. Quai Malaquais
13. Institut de France
14. Musée du Jeu de Paume
15. Hôtel de Crillon
16. Rue de Chaillot
17. Passage Choiseul
18. Arc de Triomphe
19. Place de la Concorde
20. Place Pigalle
21. Rue de l'Arcade
22. Allée Marcel Proust
23. Rue du Havre

nel Hauser wies ihn streng darauf hin, daß Einnahmen und Mietkosten in einem eklatanten Mißverhältnis stünden und Proust nicht einmal genug Geld bliebe, um sich eine Schachtel Eukalyptuszigaretten zu kaufen. Céleste versuchte dessen ungeachtet die Geborgenheit des Boulevard Haussmann, so gut es ging, wiederherzustellen:

»In Monsieur Prousts Zimmer fehlte so mancherlei – der Flügel, die große Kommode und der Spiegelschrank waren mit vielen anderen Möbeln in einem Speicher eingelagert. Doch das vom Räuchern verfärbte Bett war da und stand wie am Boulevard Haussmann dicht am Kamin, dahinter der Paravent, nur war jetzt am Fußende des Bettes gerade eben noch Platz genug, um die Tür zu öffnen und durchzugehen. Auch das kleine chinesische Möbel, das er so liebte, stand etwa am gleichen Platz. Und ein großer Sessel für die Besucher. Dann seine drei kleinen Tische mit allem, was er für seine Arbeit brauchte, in Reichweite, die Manuskript- und Notizhefte, der Stoß Taschentücher, die Schachtel mit den Papieren zum Anzünden des Pulvers Legras, die Brillen, die Uhr. (...) Wir hatten vom Boulevard Haussmann auch ein sehr hübsches Porträt einer Infantin mitgebracht, das in der Rue Hamelin im Salon aufgehängt wurde, die Porträts von Madame Proust und Professor Adrien Proust auf einer Staffelei, das Gemälde von Helleu und selbstverständlich das Porträt von Jacques-Emile Blanche.«

Prousts letzte Lebensjahre waren ein Wettlauf gegen die Zeit. Während seine Krankheitsschübe häufiger und heftiger wurden, kämpfte er inständig darum, sein Werk – und das war nicht nur das Manuskript, sondern auch die umfangreichen Druckfahnenkorrekturen und die seinen Verleger in den Wahnsinn treibenden nachträglichen Überarbeitungen – abschließen zu können. Da die kleinen Kamine schlecht zogen, wurde nie eingeheizt. Eine Grabeskälte, eine »Grabesatmosphäre« (Céleste Albaret) breitete sich in der Rue Hamelin aus. Die Medizin der Zeit war nicht in der Lage, Prousts Krankheit angemessen zu behandeln, und er selbst trug, wie Michael Maar es beschrieb, ungewollt dazu bei, seinen Gesundheitszustand zu verschlechtern: »Er schließt sich in seinem eisigen, feuchten Zimmer der Rue Hamelin ein, lüftet nicht und bleibt Tag und Nacht im Bett, dem Basislager der damals noch unbekannten Staubmilben. Ohne es zu wissen, richtet er sein Leben so ein, daß er sich zur Krankheit verhält wie der Speck zur Made.«

So weit es seine Kräfte zuließen, nahm Proust an Empfängen und Abendessen teil, meistens im Hotel Ritz. Eine Ehrung wie der Prix Goncourt, der ihm im Dezember 1919 zuerkannt wurde, zwang freilich zu vielen Dankesbekundungen, die den Kranken weiter erschöpften. Noch einmal, im Januar 1922, nahm er an einem Ball im Ritz teil; wenige Monate später richtete das englische Ehepaar Schiff dort ein Dîner aus, das um ein Haar zwei der größten Schriftsteller des 20. Jahrhunderts einander nahegebracht hätte: Proust und James Joyce.

Alain de Botton erzählt in seinem Buch *Wie Proust Ihr Leben verändern kann*, was sich damals, vielleicht, zugetragen hat: »Im Mai 1922 trafen sich die beiden Schriftsteller bei einem Festbankett für Strawinsky, Diaghilew und die Mitglieder des Ballet russe anläßlich der Uraufführung von Strawinskys *Le Renard* im Ritz. Joyce erschien verspätet und in Straßenkleidung. Proust behielt seinen Pelzmantel den ganzen Abend an, und was geschah, nachdem man sie einander vorgestellt hatte, berichtete Joyce später einem Freund: ›Unser Gespräch bestand aus einem einzi-

Arbeit am Manuskript

gen Wort ›Non‹. Proust fragte mich, ob ich den Duc de Soundso kenne. Ich sagte: ›Non.‹ Unsere Gastgeberin fragte Proust, ob er diese und jene Passage aus dem *Ulysses* gelesen habe. Proust sagte: ›Non.‹ Und so fort.‹ Als Proust mit seinen Gastgebern Violet und Sydney Schiff nach dem Essen in seine Droschke steigen wollte, zwängte Joyce sich einfach mit hinein. Erst riß er das Fenster auf, dann zündete er sich eine Zigarette an, was bei Proust bereits als Anschlag auf sein Leben gelten mochte. Während der Fahrt starrte Joyce den Franzosen wortlos an. Proust hingegen redete in einem fort, bedachte den Iren jedoch mit keiner Silbe. Als sie bei Prousts Wohnung in der rue Hamelin ankamen, nahm Proust Sydney Schiff beiseite und sagte: ›Seien Sie doch so gut und fragen Sie Monsieur Joyce, ob mein Chauffeur ihn nach Hause fahren darf.‹ So geschah es. Die beiden Männer sollten sich nie wiedersehen.«

Anfang Oktober 1922 ging Proust seiner letzten gesellschaftlichen Verpflichtung nach. Er besuchte, wieder einmal, den Grafen Étienne de Beaumont und seine Frau Edith in deren Haus, dem nicht weit vom Invalidendom gelegenen Hotel de Masseran (zwischen Rue Masseran und Rue Duroc im 7. Arrondissement). Heute ist dieses aus dem späten 18. Jahrhundert stammende Gebäude, dessen Fassade zur Gartenseite von acht korinthischen Pfeilern geprägt ist und das in Raymond Radiguets Roman *Der Ball des Comte d'Orgel* als Schauplatz wiederkehrt, von hohen Mauern umstellt und nur vom Boulevard des Invalides mit Mühe einzusehen.

Auf dem Heimweg von den Beaumonts zog sich Proust eine Erkältung zu; Behandlungen der Ärzte ablehnend, bemühte er sich, gegen die Erkrankung anzukämpfen und die Überarbeitung der Manuskripte und Fahnen fortzusetzen.

Zeichnung des toten Proust von Dunoyer de Segonzac

Doch am Samstag, dem 18. November 1922, starb Proust um fünf Uhr nachmittags: »Ich taumelte vor Erschöpfung und Schmerz, aber ich konnte es nicht glauben, so würdevoll war er verschieden, ohne ein Erzittern, ohne einen Atemzug; nicht einmal in seinen Augen, die uns bis zuletzt anschauten, schien die Lebensflamme zu erlöschen«, so erinnert sich Céleste Albaret.

Am Haus in der Rue Hamelin 44 ist eine Plakette befestigt, die Prousts letzten Wohnort kennzeichnet. Die Wohnung ist nicht erhalten; heute residiert hier das 3-Sterne-Hotel Elysée Union – eine weitere Chance, dem Autor auch in der Nacht nahe zu sein, für rund 170 Euro das Doppelzimmer. Die Zimmer sind mit Minibar, Telefon, Fernseher und Safe ausgestattet. An Marcel Proust erinnert nichts hier.

17. Die Augen schließen –
eine Nachbemerkung

Sehr krank müßten die Menschen sein oder sich ein Bein gebrochen haben, um sich – so Robert Proust – intensiv mit *Auf der Suche nach der verlorenen Zeit* beschäftigen zu können. Und in der Tat bedarf die Lektüre dieses einzigartigen Romans etlicher Tugenden und Bedingungen, für die heute kaum Platz mehr zu sein scheint: Gelassenheit, Ruhe, Versenkung, Geduld, Stilbewußtsein ...

Martin Walser hat in seinen *Leseerfahrungen mit Marcel Proust* beschrieben, wie ungemein lohnend ein derartiger Aufwand sein kann, wie die Begegnung mit diesem Schriftsteller Erfahrungen zu schenken vermag, die zumindest für einen Augenblick das Gefühl vermitteln, ein anderer, ein neuer Mensch zu sein. Prousts Texte sind von ästhetisch hohem Reiz, und sie sind, so Walser, gleichzeitig dazu angetan, das Leben der Leser konkret zu bereichern und neu zu definieren:

»Und daher mag es kommen, daß die Wirkungen Prousts uns im Alltag aufgehen, daß wir beim Schlafengehen und in der Eisenbahn und beim Schwätzen mit einem Jugendfreund, im Theaterfoyer und während der Bestellung eines Glases Bier, die wir einem schmächtigen Ober aufgeben, daß wir immer, wenn wir gerade wieder alles durch die verschmutzten Brillengläser unserer Gewohnheit sehen, plötzlich auf eine Stimmung aufmerksam werden, auf eine Deutlichkeit des Augenblicklichen, auf einen Anruf, den wir noch nicht ganz begreifen, dem wir aber doch folgen, indem wir die Gleichgültigkeit für ein paar Atemzüge überwinden.«

Man muß Paris nicht kennen, um von der Art und Weise, wie Proust es beschreibt, infiziert zu werden. Und wer schon einmal über die Champs-Élysées gegangen, durch den Bois de Boulogne gestreift ist oder vor den Auslagen an der Place de la Madeleine seinen Kontostand Revue passieren ließ, wird in Proust einen angenehmen Begleiter durch diese Stadt sehen – keinen buchhalterischen Cicerone gewiß, doch einen kenntnisreichen Herrn, der weiß, daß eine Stadt ohne die Geschichte und die Erinnerungen ihrer Bewohner nichts ist.

Prousts Werk und seine Briefe sind so umfangreich, daß der vorliegende Reiseführer gewissermaßen ein Amusegueule ist und längst nicht jeden topographischen Hinweis und jede Anspielung aufgreift. Shinichi Saiki hat dem Paris-Bild in *Auf der Suche nach verlorenen Zeit* sogar eine Dissertation gewidmet. Naturgemäß ließ sich nicht jeder der zahllosen Pfade beschreiben: die Rue Levis, wo sich Proust seinen Kaffee rösten ließ, die Rue des Petits-Champs, wo er ein zweiwöchiges Anwaltspraktikum absolvierte, die Ecke Rue d'Anjou/Rue de la Pépinière, wo es Prousts Lieblingscroissants gab – sie alle wurden nicht aufgeführt, und Apotheker Leclerc in der Rue Vignon, der das Legras-Pulver zur Linderung des Proustschen Asthmas bereit hielt, wurde sträflicherweise mit keiner Silbe bedacht ...

Wer einmal vom Proust-Sog erfasst wird, hat eine Beschäftigung fürs Leben gefunden und wird nicht umhinkommen, in regelmäßigen Anläufen zu neuen Erkundungen aufzubrechen, die Prousts Werk und (sein) Paris von verschiedenen Seiten erschließen. Möglich ist das vor Ort, bei einem Gang durch den Parc Monceau etwa – oder als Kopfreise in einem Lesesessel, der in Osterladekop, Heilbronn oder Murnau steht. »Um am Meer zu sein, brauchen Sie nur die Augen zu schließen«, heißt es in *Freuden und Tage*. Vielleicht gilt das auch für Paris.

Literaturhinweise und Dank

Marcel Proust: Frankfurter Ausgabe. Herausgegeben von Luzius Keller. Aus dem Französischen von Eva Rechel-Mertens, Luzius Keller u. a., Frankfurt/Main: Suhrkamp, 1988-2002:

I · 1: Freuden und Tage und andere Erzählungen und Skizzen aus den Jahren 1892-1896
I · 2: Nachgeahmtes und Vermischtes
I · 3: Essays, Chroniken und andere Schriften

II · 1: Auf der Suche nach der verlorenen Zeit. Unterwegs zu Swann
II · 2: Auf der Suche nach der verlorenen Zeit. Im Schatten junger Mädchenblüte
II · 3: Auf der Suche nach der verlorenen Zeit. Guermantes
II · 4: Auf der Suche nach der verlorenen Zeit. Sodom und Gomorrha
II · 5: Auf der Suche nach der verlorenen Zeit. Die Gefangene
II · 6: Auf der Suche nach der verlorenen Zeit. Die Flüchtige
II · 7: Auf der Suche nach der verlorenen Zeit. Die wiedergefundene Zeit

III · 1 und 2: Jean Santeuil
III · 3: Gegen Sainte-Beuve

Marcel Proust: Briefe zum Leben. Herausgegeben und aus dem Französischen von Uwe Daube, Frankfurt/Main: Suhrkamp, 1969.

Marcel Proust: Briefe zum Werk. Aus dem Französischen von Wolfgang A. Peters. Ausgewählt und herausgegeben von Walter Boehlich, Frankfurt/Main: Suhrkamp, 1964.

Marcel Proust: Correspondance. 21 Bde. Herausgegeben von Philip Kolb. Paris: Plon, 1970-1993.

Céleste Albaret: Monsieur Proust. Aufgezeichnet von Georges Belmont. Aus dem Französischen übertragen von Margret Carroux, München: Kindler, 1974.

Nadine Beauthéac/François-Xavier Bouchart: Auf den Spuren von

Marcel Proust. Normandie, Île de France, Genfer See. Aus dem Französischen von Sylvia Strasser, Hildesheim: Gerstenberg, 1999.

Prinzessin Bibesco: Begegnung mit Marcel Proust [1928]. Deutsch von Eva Rechel-Mertens, Frankfurt/Main: Suhrkamp, 1972.

Henri Bonnet: Les amours et la sexualité de Marcel Proust, Paris: Nizet, 1985.

Alain de Botton: Wie Proust Ihr Leben verändern kann. Eine Anleitung. Aus dem Englischen von Thomas Mohr, Frankfurt/Main: S. Fischer, 2000.

William C. Carter: Marcel Proust. A Life, New Haven/London: Yale University Press, 2000.

Pierre Clarac/André Ferré (Hg.): Das Proust-Album. Leben und Werk im Bild. Deutsch von Hilda von Born-Pilsach, Frankfurt/Main: Suhrkamp, 1975.

Jean-Paul Clébert: La littérature à Paris. L'histoire – les lieux – la vie littéraire, Paris: Larousse, 1999.

Jean Colson/Marie-Christine Lauroa: Dictionnaire des monuments de Paris, Paris: Hervas, 2001.

Charles Dantzig (Hg.): Le Grand Livre de Proust, o.O: Les Belles Lettres, 1996.

Robert Dreyfus: Souvenirs sur Marcel Proust accompagnés de lettres inédites [1926], Paris: Grasset, 2001.

Roger Duchêne: L'impossible Marcel Proust, Paris: Laffont, 1994.

André Ferré: Géographie de Marcel Proust, Paris: Sagittaire, 1939.

Claude Francis/Fernande Gontier: Marcel Proust et les siens. Suivi des souvenirs de Suzy Mante-Proust, Paris: Plon, 1981.

Fernand Gregh: Mon amitié avec Marcel Proust. (Souvenirs et lettres inédites), Paris: Grasset, 1958.

Ronald Hayman: Marcel Proust. Die Geschichte seines Lebens. Aus dem Englischen von Max Looser, Frankfurt/Main: Insel, 2000.

Julia Kristeva: Les métamorphoses du Ritz. In: Magazine Littéraire. Hors-Série 2 (2000), S. 19-23.

Michael Maar: Die Feuer- und die Wasserprobe. Essays zur Literatur, Frankfurt/Main: Suhrkamp, 1997.

Michael Magner: Sur la lecture VI: Ansichtskarten, Köln: Marcel Proust Gesellschaft, 2001.

Philippe Michel-Thiriet: Das Marcel Proust Lexikon. Aus dem

Französischen von Rolf Wintermeyer, Frankfurt/Main: Suhrkamp, 1992.

Paul Morand: Le visiteur du soir suivi de quarante-cinq lettres inédites de Marcel Proust, Genève: La Palatine, 1949.

Paul Nadar/William Howard Adams: Prousts Figuren und ihre Vorbilder [1985]. Aus dem Amerikanischen von Christoph Groffy, Frankfurt/Main: Suhrkamp, 1988.

Jean-Bernard Naudin/Anne Borrel/Alain Senderens: Zu Gast bei Marcel Proust. Der große Romancier als Gourmet. Mit 70 Rezepten. Aus dem Französischen von Rudolf Kimming, München: Heyne, 1992

George D. Painter: Marcel Proust. Eine Biographie [1959-65]. Deutsch von Christian Enzensberger und Ilse Wodtke. 2 Bde., Frankfurt/Main: Suhrkamp, 1980.

Georges Pistorius: Marcel Proust und Deutschland. Eine internationale Bibliographie. Heidelberg: C. Winter, ²2002.

Jean Plumyène: Le Paris de Proust: l'autre Madeleine. In: Magazine Littéraire. Hors-Série 2 (2000), S. 16-18.

Jeanne Maurice Pouquet: Le salon de Madame Arman de Cavaillet. Ses amis Anatole France. Com^{dt} Rivière. Jules Lemaître. Pierre Loti. Marcel Proust etc … etc …, Paris: Hachette, 1926.

André Maurois: Le monde de Marcel Proust, Paris: Hachette, 1960.

Henri Raczymow: Le Paris littéraire et intime de Marcel Proust, Paris: Parigramme, 1997.

Shinichi Saiki: Paris dans le roman de Proust, Paris: Sedes, 1996.

Reiner Speck/Michael Maar: Marcel Proust. Zwischen Belle Époque und Moderne, Frankfurt/Main: Suhrkamp, 1999.

Ulrike Sprenger: Proust-ABC, Leipzig: Reclam, 1997.

Ulrike Sprenger: »Au clair de la lune …«. Prousts Paris. In: Andreas Mahler (Hg.): Stadt-Bilder. Allegorie – Mimesis – Imagination, Heidelberg: C. Winter, 1999.

Jean-Yves Tadié: Marcel Proust. Biographie, Paris: Gallimard, 1996.

Christina Viragh: Metamorphosen. In: NZZ, 3./4. 5. 1980.

Martin Walser: Liebeserklärungen, Frankfurt/Main: Suhrkamp, 1986.

Mein herzlicher Dank gilt Kerstin Behre, Paris, Jürgen Ritte, Paris, und Reiner Speck, Köln, die dieses Buch mit Rat und Tat begleiteten.

Bildnachweise

Bibliothèque Nationale de France, Paris, 156
Angelika Dacqmine, Paris: 8, 28, 32, 40, 44, 48, 56, 60, 64, 68, 76, 80, 96, 101, 109, 125, 132, 144, 160, Umschlag
Nina Kuhn, Hamburg: 17, 54, 84, 118, 141
Musée d'Orsay, Paris: 4

Alle übrigen Bilder stammen aus dem Archiv des Insel Verlags, Frankfurt am Main

Für die Wiedergabe der Werke von Jacques-Emile Blanche (4), Jean Béraud (36) und André Dunoyer de Segonzac (158): © Bild-Kunst, Bonn 2004

Marcel Proust
im Suhrkamp und im Insel Verlag
Eine Auswahl

Marcel Proust Werke. Frankfurter Ausgabe. Herausgegeben von Luzius Keller. 12 in 13 Bänden in Kassette. 8150 Seiten. Leinen oder Leder

Werke I
Erzählungen, Essays, Kleine Schriften

- Band 1: Freuden und Tage und andere Erzählungen und Skizzen aus den Jahren 1892-1896. Übertragen von Luzius Keller. 342 Seiten. Leinen

- Band 2: Nachgeahmtes und Vermischtes
  Übersetzt von Henriette Beese, Ludwig Harig und Helmut Scheffel. 374 Seiten. Leinen

- Band 3: Essays, Chroniken und andere Schriften
  Übersetzt von Henriette Beese, Luzius Keller und Helmut Scheffel. 664 Seiten. Leinen

Werke II
Auf der Suche nach der verlorenen Zeit

- Band 1: Unterwegs zu Swann
  Übersetzt von Eva Rechel-Mertens. Revidiert von Luzius Keller. 720 Seiten. Leinen

- Band 2: Im Schatten junger Mädchenblüte
  Übersetzt von Eva Rechel-Mertens. Revidiert von Luzius Keller und Sibylla Laemmel. 856 Seiten. Leinen

- Band 3: Guermantes
  Übersetzt von Eva Rechel-Mertens. Revidiert von Luzius Keller und Sibylla Laemmel. 1000 Seiten. Leinen

- Band 4: Sodom und Gomorrha
  Übersetzt von Eva Rechel-Mertens. Revidiert von Luzius Keller. 892 Seiten. Leinen

- Band 5: Die Gefangene
  Übersetzt von Eva Rechel-Mertens. Revidiert von Luzius Keller und Sibylla Laemmel. 696 Seiten. Leinen

- Band 6: Die Flüchtige
  Übersetzt von Eva Rechel-Mertens. Revidiert von Luzius Keller und Sibylla Laemmel. 500 Seiten. Leinen

- Band 7: Die wiedergefundene Zeit
  Übersetzt von Eva Rechel-Mertens. Revidiert von Luzius Keller. 644 Seiten. Leinen

Werke III
Aus dem Nachlaß

- Bände 1-2: Jean Santeuil
  Herausgegeben von Mariolina Bongiovanni Bertini. Übersetzt von Eva Rechel-Mertens. Revidiert und ergänzt von Luzius Keller. Zwei Bände. 1220 Seiten. Leinen

- Band 3: Gegen Sainte-Beuve
  Herausgegeben von Mariolina Bongiovanni Bertini in Zusammenarbeit mit Luzius Keller. Übersetzt von Helmut Scheffel. 300 Seiten. Leinen

Auf der Suche nach der verlorenen Zeit

- Sieben Bände in Kassette. Herausgegeben von Luzius Keller. Übersetzt von Eva Rechel-Mertens. Revidiert von Luzius Keller und Sibylla Laemmel. 5300 Seiten. Leinen

- Geschenkausgabe in zehn Bänden mit Dekorüberzug im Schmuckschuber. 4185 Seiten. Kartoniert

- Dünndruckausgabe in drei Bänden. Übersetzt von Eva Rechel-Mertens. 4198 Seiten. Seidenleinen

- Drei Bände in Kassette im suhrkamp taschenbuch. Übersetzt von Eva Rechel-Mertens. 4195 Seiten

Einzelausgaben

Combray. Übersetzt von Eva Rechel-Mertens. Revidiert von Luzius Keller. Mit einer Proust-Studie von Vladimir Nabokov. BS 1321. 367 Seiten

Combray. Übersetzt von Eva Rechel-Mertens. Revidiert von Luzius Keller. it 2878. 250 Seiten

Eine Liebe Swanns. Übersetzt von Eva Rechel-Mertens. Revidiert von Luzius Keller. BS 1185. 306 Seiten

Der Gleichgültige. Erzählung in zwei Sprachen. Übersetzt von Elisabeth Borchers. Mit einem Nachwort von Philip Kolb. st 1004. 96 Seiten

Sur la lecture – Tage des Lesens. Faksimile der Handschrift aus der Bibliotheca Proustiana Reiner Speck. Mit Transkription, Kommentar und Essays herausgegeben von Jürgen Ritte und Reiner Speck. Faksimile und Begleitband in Schmuckkassette. Zusammen 212 Seiten

In Swanns Welt. Übersetzt von Eva Rechel-Mertens. st 2671. 564 Seiten

Tage des Lesens. Drei Essays. Übersetzt von Helmut Scheffel. it 2718. 124 Seiten

Proust für Gestreßte. Ausgewählt von Reiner Speck. it 2866. 140 Seiten

Biographien

Ronald Hayman. Marcel Proust. Die Geschichte seines Lebens. Übersetzt von Max Looser. Mit Abbildungen. 840 Seiten. Gebunden. st 3311. 848 Seiten

Marcel Proust. Leben und Werk in Texten und Bildern. Von Renate Wiggershaus. it 1348. 350 Seiten

Über Marcel Proust

Kleider wie Kunstwerke. Marcel Proust und die Mode. Von Ursula Voß. Mit zahlreichen Abbildungen. IB 1232. 104 Seiten

Marcel Proust oder Vom Glück des Lesens. Von Olof Lagercrantz. Übersetzt von Angelika Gundlach. BS 1249. 204 Seiten

Marcel Proust. Leseerfahrungen deutschsprachiger Schriftsteller von Theodor W. Adorno bis Stefan Zweig. Herausgegeben von Achim Hölter. st 2791. 365 Seiten

Das Marcel-Proust-Lexikon. Von Philippe Michel-Thiriet. Übersetzt von Rolf Wintermeyer. st 3049. 528 Seiten

Marcel Proust – ein Schriftsteller zwischen Belle Époque und Moderne. Katalogbuch zur Ausstellung. Herausgegeben von Reiner Speck und Michael Maar. 360 Seiten. Broschur

Proust im Engadin. Von Luzius Keller. Mit zahlreichen, teils farbigen Abbildungen. 130 Seiten. Gebunden

Prousts Figuren und ihre Vorbilder. Fotos von Paul Nadar. Text von William Howard Adams. Übersetzt von Christoph Groffy. it 2640. 228 Seiten

Proust und die Liebe zur Photographie. Von Brassaï. Mit 16 Photographien von Brassaï. Übersetzt von Max Looser. 192 Seiten. Gebunden

Mit Proust durch Paris. Literarische Spaziergänge. Von Rainer Moritz. Mit farbigen Fotografien von Angelika Dacqmine. it 2992. 176 Seiten

Zeit und Erinnerung in Marcel Prousts »A la recherche du temps perdu«. Von Hans Robert Jauß. Ein Beitrag zur Theorie des Romans. stw 587. 366 Seiten

Klassische französische Literatur
im insel taschenbuch
Eine Auswahl

Gustave Flaubert
- Romane und Erzählungen. 8 Bände. it 1861-1868. 2752 Seiten
- Bouvard und Pécuchet. it 1861. 448 Seiten
- Drei Erzählungen. it 1862. 288 Seiten
- Lehrjahre des Gefühls. it 1863. 496 Seiten
- Madame Bovary. it 1864. 432 Seiten
- November. it 1865. 160 Seiten
- Reise in den Orient. it 1866. 464 Seiten
- Salammbô. it 1867. 464 Seiten
- Die Versuchung des heiligen Antonius. it 1868. 272 Seiten

Edmond de Goncourt/Jules de Goncourt
Tagebücher. Aufzeichnungen aus den Jahren 1851-1870.
Ausgewählt, übertragen und herausgegeben von Justus Franz
Wittkop. Mit zeitgenössischen Abbildungen.
it 1834. 447 Seiten

George Sand
- Geschichte meines Lebens. Aus ihrem autobiographischen
  Werk. Auswahl und Einleitung von Renate Wiggershaus.
  Mit Abbildungen und Fotografien. it 313. 254 Seiten
- Indiana. Übersetzt von A. Seubert. Mit einem Essay von
  Annegret Stopczyk. it 711. 321 Seite
- Lélia. Übersetzt von Anna Wheill. Mit einem Essay von
  Nike Wagner. it 737. 289 Seiten
- Lucrezia Floriani. Roman. Übersetzt von Anna Wheill.
  it 858. 198 Seiten
- Ein Winter auf Mallorca. Übersetzt von Maria Dessauer.
  it 2102. 220 Seiten

- George Sand. Leben und Werk in Texten und Bildern. Von Gisela Schlientz. it 565. 407 Seiten

Emile Zola
- Das Geld. Übersetzt von Leopold Rosenzweig. it 1749. 554 Seiten
- Germinal. Übersetzt von Armin Schwarz. Mit Illustrationen von Renate Sendler-Peters. it 720. 587 Seiten
- Nana. Übersetzung und Nachwort von Erich Marx. Mit Illustrationen von Renate Sendler-Peters. it 398. 533 Seiten
- Thérèse Raquin. Roman. Übersetzt von Ernst Hardt. it 1146. 274 Seiten